U0368966

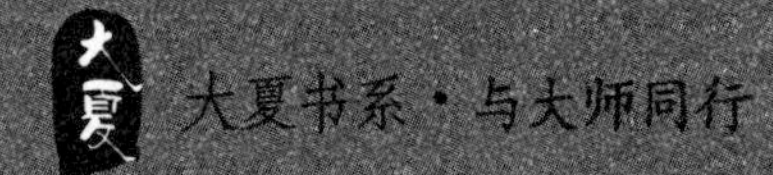

教师要学马卡连柯

JIAOSHI YAOXUE MAKALIANKE

雷 玲 主编

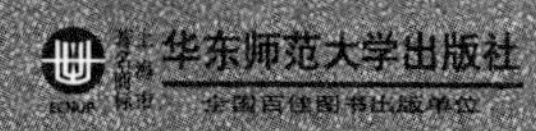

目　录

吾学篇

学校与管理

教书与育人

教与学

吾行篇

学校与管理

教书与育人

教与学

吾思篇

学校与管理

教书与育人

教与学

吾学篇

我们对个人所提出的要求，表现了对个人的力量和可能性的尊重，而在我们的尊重里，同时也表现出我们对个人的要求。

——马卡连柯

[摘自《马卡连柯教育文集》，（苏）马卡连柯著，人民教育出版社2005年版]

学校与管理

1. 集体教育思想对校长办学的启迪

通过组织健全、合理的教育集体来教育学生，是培养社会主义新人的主要方法。

——马卡连柯

[摘自《马卡连柯教育文集》，（苏）马卡连柯著，人民教育出版社2005年版]

集体主义教育是马卡连柯教育思想体系的重要方面。这一理念对当今时代的校长有着重要的启迪作用。

马卡连柯认为："通过组织健全、合理的教育集体来教育学生，是培养社会主义新人的主要方法。"他指出，教育的任务是培养集体主义者，只有在集体中、通过集体和为了集体进行教育，才能完成培养集体主义者的任务。他认为不可将学生看作受训练的材料，应视他们为社会的成员、社会活动的参加者和社会财富的创造者。他还指出前景教育在人的教育和儿童集体的形成与发展中具有重要作用，应不断向集体展示一个又一个前景，提出新任务，引导集体为实现新任务而努力，鼓舞集体在追求美好前景中不断前进。他强调教育者对集体及集体中每个成员的教育和影响应是同时的、平行的，集体首先应成为教育工作的对象。在劳动教育问题上，他认为劳动是教育的根本因素之一，应成为集体生活的重要组成部分。

马卡连柯还提出了劳动与教育并行的原则，以及尊重和严格要求相统一的教育原则，他认为对人的尊重和对人提出严格要求是统一的。

关于集体和集体教育原则

集　体

马卡连柯认为，教育的任务是培养集体主义者。而要完成这个任务，苏维埃教育所需要的第一个形式就是集体。因此，马卡连柯特别指出："公社的教育方针概括地说来就是，建立合理的集体，建立集体对个人的合理影响。"

集体教育原则

尊重与要求相结合原则。有人曾问马卡连柯，他的教育经验的本质是什么，马卡连柯回答说："尽量多地要求一个人，也要尽可能地尊重一个人。"在他看来，要求与尊重是一回事。对此，他解释说："我们对个人所提出的要求，表现了对个人的力量和可能性的尊重；而在我们的尊重里，同时也表现出我们对个人的要求。"马卡连柯认为，在集体教育过程中，要求是必需的，否则就不可能建立集体和集体纪律。他指出，"要求"可以分为三个阶段：在第一个阶段，即在集体初建时期，领导者应当以"不许反对的方式"提出要求。当然领导者所提出的要求必须是合乎情理并能实现的。在第二个阶段，集体的领导者周围已出现了一批自觉维护纪律的积极分子，他们所组成的核心会用自己的要求支持教师的意见。在第三个阶段，集体本身能向其成员提出要求。这时，教师已无需再提要求了，因为集体往往已向个人提出了过多的要求。在谈到"尊重"的时候，马卡连柯指出："尊重并不是尊重外表的什么东西，并不是尊重脱离社会而独立存在的东西。"这是对那些共同参加我们的劳动、工作的同志的一种尊重，这是对活动家的一种尊重。

平行教育影响原则。马卡连柯认为，集体教育过程应当遵循"在集体中，通过集体，为了集体"的原则。在他看来，集体首先是教育的基础。

他说："只有当一个人长时间地参加了有合理组织的、有纪律的、坚忍不拔的和有自豪感的那种集体生活的时候，性格才能培养起来。"其次，集体是教育的手段。他强调："集体是个人的教师。"教师必须通过集体来教育个人。最后，集体是教育的目的和对象。马卡连柯认为，集体与个人二者关系密切，"在苏联不可能有置身集体以外的个人"。因此，教育个人和教育集体可以同时作为教育目的，而个人和集体可以同时作为教育对象。他说："每当我们给个人一种影响的时候，这影响必定同时应当是给予集体的一种影响。相反地，每当我们涉及集体的时候，同时也应当成为对于组成集体的每一个个人的教育。"马卡连柯后来用"平行教育影响"来概括他的上述思想，强调教育个人与教育集体的活动应同时进行，每一项针对集体开展的教育活动应对教育集体和教育个人都产生效果。

前景教育原则。马卡连柯认为，集体的生命活力在于不停滞地前进。他说："一个自由的人类集体的生活方式就是向前行进，它的死亡的方式就是停滞。"因此，马卡连柯要求教师不断地向集体提出新的奋斗目标来刺激集体的活力。这种新的目标就是前景，是人们对美好前途的希望。他强调："培养人，就是培养他对前途的希望。这个工作方法就是建立新的前途，运用已有的前途，逐渐代之以更有价值的前途。""人的生活的真正刺激是明天的快乐。"因此，前景教育原则又可称为"明日欢乐论"。在马卡连柯看来，前景教育可以分为三个步骤，即近景、中景和远景。近景主要是针对还没有能力安排自己未来长远的意向和兴趣的儿童，随着儿童年龄的增长，近景将逐渐让位给中景和远景。无论是近景、中景还是远景的实现，都应当起到激励学生努力学习和工作的作用，防止享乐主义思想的产生。

关于集体的作风和纪律

集体的作风

马卡连柯十分重视集体作风的培养。他说："如果没有也不去培养一定的共同的作风，那么，这一切外部行为的准则就毫无意义了。"在马卡连柯看来，作风是指五常的共同的态度。这种共同的态度主要有五个特点：第一，集体应当朝气蓬勃。集体应当充满"强烈的快活情绪"，其表现形式为朝气蓬勃和行动的决心。这也是集体成员对集体和自己的将来充满自信的表现。第二，集体成员之间应当团结和睦。在内部关系上，集体成员之间可以互相批评，甚至可以互相“压制”，但在外人面前，集体成员应相互保护，不让同伴受任何苦恼和羞辱。第三，集体成员应当具有坚定不移地主持正义的观念，在集体中恃强凌弱者应当受到处罚，弱者应当得到必要的保护。第四，集体成员要具有积极性，随时准备去从事有条理的、讲究实效的活动或文化娱乐活动，克服空间与材料方面的困难，并且热爱这样的活动，热爱与困难作斗争。第五，集体成员应当养成“抑制的习惯”，“抑制的特殊形式就是礼貌”。

集体的纪律

马卡连柯认为，纪律既是集体教育的结果，也是集体教育的手段。在他看来，社会主义社会的纪律与旧社会纪律的区别在于，社会主义社会的纪律“应当伴随着自觉”，永远应该是自觉的纪律。马卡连柯强调：“所谓有纪律，正是一个人能够愉快地去做自己不喜欢的事情。”

关于教师集体和家庭中的集体教育

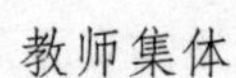

马卡连柯认为，没有一个良好的教师集体是培养不出良好的学生集体的。他说：“凡是教师没有集合成一个集体的地方，凡是集体没有统一的工作计划，没有一致的步调，没有一致地准确地对待儿童的方法的地方，那里就不会有任何的教育过程。如果有五个能力较弱的教师团结在一个集体里，受着一种思想、一种原则、一种作风的鼓舞，能齐心一致地工作的话，那就要比十个随心所欲地单独工作的优秀教师要好得多。”鉴于教师集体的重要性，马卡连柯研究了如何建设教师集体的问题。

在他看来，建设教师集体应当注意四个方面：第一，教师集体应当是一个合理的组织，而不是偶然的集合体。在组织教师集体时，要注意教师的年龄和性别结构以及教师的性格和业务能力等因素。第二，教师集体应当有明确的教育目标和坚定的政治信念。第三，教师集体要团结，行动要一致。第四，教师集体和学生集体要建立密切的联系。“教师集体和儿童集体并不是两个集体，而是一个集体，而且是一个教育集体。”

家庭中的集体教育

马卡连柯还探讨了一个重要问题，即家庭中的集体教育。对此，马卡连柯提出了以下建议：第一，要尽早地让儿童知道“父亲和母亲在什么地方工作，做什么工作，这种工作是如何的困难，需要付出多大的努力，取得了什么成就”；第二，“要让儿童及早明白家庭预算，知道父亲和母亲的工资”；第三，要使富裕家庭的孩子明白“家庭的富裕没有任何值得夸耀的地方”，使经济困难家庭的孩子“不羡慕其他家庭，并养成坚忍精神”。此外，马卡连柯还要求家庭能够培养孩子诚实、关心他人、节约、有责任感等品质。

（北京市丰台区芳古园小学　申瑞芝）

2. 校长应该熟知的20句马氏语录

纪律是集体的面貌，集体的声音，集体的动作，集体的表情，集体的信念。

——马卡连柯

［摘自《教育诗》，（苏）马卡连柯著，人民文学出版社1959年版］

语录1：作为教育产品的个人的培植，应当根据社会定货来生产。这个原理立刻就从我们的产品上脱掉理想的外衣。在我们的任务中没有任何永久不变的和绝对的东西。社会的要求只有对于时代来说才是实际的，而时代的规模或多或少是有限制的。我们可以完全相信，对于下一代，就要提出一些完全改变了的要求，并且这些改变，随着整个社会生活的成长和改善，将要逐渐地实现着。

语录2：在我们的工作中极其重大的要素，就是工作应当彻底地有目的性。我们必须培养我们社会所需要的人才。

语录3：一个人不能够一部分一部分地来教育，而是由人所经受的种种影响的全部总和综合地教育出来。

语录4：我确信：我们的教育目的并不是仅仅在于培养能够最有效地来参加国家建设的那种具有创造性的公民，我们还要把我们所教育的人一定变成幸福的人。

语录5：我深信每一个教师都会遇到这样的问题：教师有权利干涉学生性格的发展，并予以指引使向应走的方向去发展呢？还是只应当消极地跟随着学生的性格走呢？我以为，问题应该这样解决，那就是：有权干涉。……但要根据个人的品质、个人的爱好和个人的能力，把个性向最适合于我们需要的那个方向发展。

语录6：我们教师正面临着一项最光荣、最困难的任务：在教师身上承担着全国的希望，这就是说，我们要为共产主义社会培养人才，在我们的肩上要成长起新的人来，并且在全世界面前建立起完美的共产主义社会，——我们在创造新文化的事业中占据最光荣最显著的地位。

语录7：应该有这样的教师集体：有共同的见解，有共同的信念，彼此间相互帮助，彼此间没有猜忌，不追求学生对个人的爱戴。只有这样的集体，才能够教育儿童。

语录8：一个教师集体，要有统一的工作方法，要不但能集体地为"自己的"班级负责，而且能为整个学校负责。如果没有这样团结一致的教师集体，那么，所谓正常的学校教育工作是很难想象的。

语录9：教师集体的统一是最有决定性的一件事情。就是最年轻、最没有经验的教师，如果在统一的、精诚团结的集体里，有很好才能的领导者来领导，那么，跟任何一个与教师集体分道扬镳的有经验、有才能的教师比较起来，也要做出更多的事情来。

语录10：在集体中，通过集体而进行教育。

语录11：教育工作中的百分之一的废品，就会使国家遭受严重的损失。

语录12：即使是最好的儿童，如果生活在组织不好的集体里，也会很快变成一群小野兽。

语录13：我们所说的高度熟练、真才实学、有本领、有技术、手艺高超、沉默寡言、实事求是、不辞劳苦——这才是最能吸引孩子们的东西。

语录14：不论你是多么亲切，你的话说得多么动听，态度多么和蔼，不论你在日常生活中和休息的时候是多么可爱，但是假如你的工作总是一事无成，总是失败，假如处处都可以看出你不通业务，假如你做出来的成绩都是废品和"一场空"，那么除了蔑视之外，你永远不配得到什么。

语录15：你可以对他们极端冷淡，可以对他们苛刻到吹毛求疵的地

步；如果他们老是寸步不离地跟着你，你可以不理他们，甚至对他们的爱戴也可以表示冷淡，但是假如你的工作、学习和成绩都非常出色，那你尽管放心：他们全会站在你这一边，决不会背弃你。

语录16：要尽可能地尊重一个人，也要尽量多地提出坚定、明确和公开的要求：确定该这样或那样地管理自己。

语录17：教育学，特别是教育理论，首先是在实践上适应一定目的的科学。如果我们不向自己提出一定的政治目的，那我们就不能够单纯地去教育人，也就没有权利进行教育工作。没有明确的、广泛的和人所共知的目的的教育工作，会变成脱离政治的教育工作。

语录18：我们所处的时代，是实际工作者对科学原理予以很好地修正的时代。……在我们教育事业方面，也必须有种种的发明。

语录19：如果有人问我：我怎样能够以简单的公式概括我的教育经验的本质时，我就回答说：要尽量多地要求一个人，也要尽可能地尊重一个人。

语录20：在那种学校全体教师之间没有完全一致的地方，在那种彼此不互助并且彼此要求不严格的地方，在那种对自己同志不善于谈不愉快的事情、要是别人对你谈不愉快的事情又善于生气的地方，在不善于命令同志（这是一种难事），或者不善于服从同志（这事更难）的地方——那儿就没有也不可能有教师的集体。

（北京市海淀区科迪中学　白　雪）

3. 校长应了解的马卡连柯教育理念

遵守纪律的风气的培养，只有领导者本身在这方面以身作则才能收到成效。

——马卡连柯

[摘自《马卡连柯教育文集》，（苏）马卡连柯著，人民教育出版社2005年版]

苏联教育家、作家马卡连柯在15年的教育实践中，积累了丰富的经验，奠定了他的教育思想的基础。他的主要教育文艺著作有《教育诗》《塔上旗》《父母必读》；主要教育理论著作有《教育过程的组织方法》《儿童教育讲座》《普通学校的苏维埃教育问题》。20世纪50年代苏联出版了七卷本《马卡连柯教育文集》，80年代出版了八卷本《马卡连柯教育文集》。

理念1：尊重信任

马卡连柯在教育工作中十分尊重学生的人格。他从来不把失足青少年当作违法者或流浪儿看待，而是看作具有积极因素和发展可能的人。在他看来，尊重人、信任人，是教育人的前提；只有从尊重人、信任人出发，才能产生合理的教育措施，才能取得良好的教育效果。受过马卡连柯教育的谢苗·卡拉巴林，曾回忆了他在高尔基工学团当学员时，马卡连柯如何尊重他、信任他，使他走上新生的历程。

那是高尔基工学团创办不久的一天，马卡连柯到监狱去领卡拉巴林，当马卡连柯和监狱长一起替卡拉巴林办理出狱手续时，马卡连柯亲切地要他暂时离开办公室。当时，卡拉巴林对此并不理解。过了十年后，当卡拉巴林已经是一名人民教师时，马卡连柯才告诉他说："我当时叫你走出监狱长的办公室，是为了不让你看见担保你出去的条子。因为这可能会侮辱你的人格。"卡拉巴林说："马卡连柯注意到我的人格，可是那时，我自己还不知道什么是人格。这是他对我的第一次温暖的、人道的接触。"当他俩从监狱去省人民教育厅的路上，卡拉巴林总是走在马卡连柯的前面，以表示自己不打算逃跑，而马卡连柯总是和他并肩而行，同时跟他谈话，使他高兴，所谈的都是关于工学团的事，只字不提监狱的情况和有关他过去的事。

有一次，卡拉巴林这样询问马卡连柯："请您直爽地告诉我，您相信我吗?"马卡连柯诚恳地回答说："过去的事不必提了"，"我知道你这个人是跟我一样的诚实"。马卡连柯还付诸行动，曾接连两次把带枪取巨款的重任委托给卡拉巴林，这使他深受感动。他走出马卡连柯的办公室，情不自禁地高唱起来："高山背后，飞出一群老鹰，它们边飞边叫，寻找着美好的生活。"

是的，这清脆悦耳的歌声告诉人们，马卡连柯以尊重与信任的良药，医治好了卡拉巴林那受伤的翅膀，使他懂得了人的尊严，认识了人的价值，从而信心满怀地飞翔在祖国的长空。后来，卡拉巴林终于成了老师马卡连柯的可靠继承者和得力助手。

卡拉巴林的变化历程，说明了尊重、信任在教育中的力量。马卡连柯正是运用这一力量，激起了少年违法者和流浪儿童的自尊感，把他们从自暴、自弃、自卑、失望和堕落的深渊中解救出来，使他们重新燃起热爱生活、追求美好前途的火光。

理念 2：寓教于乐

在高尔基工学团最初的几年中，生活很是艰苦，工作任务又重，学校生活显得有点单调。马卡连柯想出了一个奇妙的办法，让学员们晚上都聚集在宿舍里，师生一起玩一种叫作"官打捉贼"的游戏。

这种游戏的玩法是：参加游戏的人，每人分到一张字条，上面写着"贼""告发人""检察员""法官""刑官"等。"告发人"先宣布他幸运地做了"告发人"，然后手里拿起一根绳鞭，努力猜测谁是"贼"。大家都向他伸出手来，在这些手里面，他一定要用鞭子打中“贼”的手。通常，他总是误打了“法官”或是“检察员”，这些被他冤枉的正直的“公民”便按照惩罚诬告的规定，反打“告发人”的手心。如果下次“告发人”终于猜中了谁是“贼”，他的痛苦就可以终止，而那个“贼”的痛苦却要开始了。这时候由“法官”判决，重打五下，或重打十下，或轻打五下。然后，“刑官”手持绳鞭来施刑。

因为参加游戏者的身份一直在改变，上次做“贼”的人下次会变成“法官”或是“刑官”，所以整个游戏的主要趣味就在于轮流吃苦和报复。凶狠的“法官”或是残酷的“刑官”如果做了“告发人”和“贼”，就要受到现任“法官”和“刑官”的残忍报复，这让他们想起以前对人家的种种判决和处罚。

平时严肃的马卡连柯，与孩子们玩起这个游戏，扮演着孩子们同伴的角色，让孩子们体会到他的可爱。孩子同其他老师玩时，总有拘谨之感，作为“刑官”施刑时，态度总是很温和。而同马卡连柯玩的时候，却无拘无束，当他做了“贼”时，往往判重打，似乎要以此来考验他的忍受力。这时，马卡连柯除了硬着头皮充好汉之外，没有别的办法。当马卡连柯做“法官”的时候，总要弄得受刑的人失去自尊地大叫起来：“马卡连柯，这样可不行啊！”然而反过来，马卡连柯也是大吃苦头，他回家的时候左手往往是肿着的，因为换手被认为是不体面的，而且右手他还要留着去写字。

这种游戏，不仅使学生得到了乐趣，融洽了师生关系，而且培养了学生坚忍大胆、不怕危险的性格。对这些特殊学生而言，无疑还起到了强化法制观念的作用——“贼”是受人唾弃的，将受到严厉处罚。

理念3：“无言教育”

有一次，一个男孩子侮辱了一个女孩子。马卡连柯知道这件事以后，不是立即找那个男孩来谈话，而是给他写个字条——“叶夫斯基格尼耶夫同志，请你今天晚上十一点钟来”，装在信封里叫通讯员给他送去。

通讯员知道全部底细，只是不表示出来。他拿着字条走进食堂，找到叶夫斯基格尼耶夫，说："你的信。"

"什么事?"

"马卡连柯老师找你。"

"为什么?"

"还记得你昨天侮辱了谁吗?"

上午十点半的时候，通讯员又来找叶夫斯基格尼耶夫：

"你准备好了?"

"准备好了。"

"他在等着你。"

叶夫斯基格尼耶夫忍耐不住了。他等不到晚上十一点，下午三点就去找马卡连柯了。

"马卡连柯老师，你找我吗?"

"不是现在，是晚上十一点。"在马卡连柯看来，谈话需要在晚上较晚的时间进行，以便谈话不会被中断。

叶夫斯基格尼耶夫回到分队里，在场的人都问："怎么啦? 受惩罚了?"

当大家知道他的错误后，都严厉地申斥他。到了晚上十一点钟，他又到马卡连柯那里去了，因为白天所经过的刺激，他有点不安，脸色苍白，心情焦急。马卡连柯一看他的情形就知道是怎么回事了，所以问他：

"你明白了吗?"

"明白了。"

"去吧!"

仅此二字，不再多说任何的话。

这种方式是马卡连柯多种教育方法中的一种。在他看来，光靠谈话，学生获得的帮助将是很少的。这种寓说服于无言之中的教育方法，起到了触动学生思想的作用，使学生心服口服，从而达到了教育的目的，也更好地体现了教师对犯错学生的尊重。

理念4：有令则行

有人认为，好教师不采用惩罚手段。马卡连柯对此有不同的看法，他

结合自己的工作经验，认为这种“不采用惩罚手段”的说法纯粹是一种“知识分子”的见解，是“教育家”们的见解。这样的逻辑会弄得教师无所适从。在他看来，惩罚本身就是一种教育的手段，但他不主张以剥夺食物和体罚作为惩罚的办法。在他的教育著作中经常可以看到他采用禁闭、批评、禁止休假、转换工作等多种惩罚的具体方法。这些方法被学生集体采纳，但他本人在实施惩罚时，往往心慈手软，这引起了学生的不满。

曾发生过这样的事情：马卡连柯罚工学团学员在自己的办公室里坐禁闭。经常只坐了半个钟头，他就说：“回去吧。”在他看来，学员们会认为他是多么慈善的人啊，罚半个钟头就被放走了，大家一定很喜欢他，无论怎样应该体谅自己是一片好心。

可是在全体大会上，有人忽然说道：“我们有一个提案，马卡连柯有权惩罚学员，我们拥护和欢迎这个权利。但是我们建议，他没有权利宽恕和释放。这像什么话呢——马卡连柯老惩罚学员，但后来他又心软起来，人们请求他，他就宽恕了。他有什么权利宽恕呢？有时马卡连柯把手一挥说，坐十个钟头禁闭。可是，过了一个钟头就把人放走了。这是不对的。在没有宣布惩罚之前，你应当想好该罚几个钟头。不然，你说了十个钟头，而后来宽恕了事。这完全要不得。”全体大会决议：“首长有权惩罚，但无权宽恕。”对这一集体决议，马卡连柯说道：“谢谢大家，不是因为你们提出了正确的议案，而是因为你们教育了我。”他感到随便宽恕、有令不行是自己行为放肆、自我决定松弛的表现。他在大会上表示：要向自己的学员学习，严格要求自己。

从这件事中，可以反映出马卡连柯领导的集体所具有的批评和自我批评的精神，也说明了惩罚必须有令则行，而且应该是公正的。

理念5：“平行影响”

马卡连柯有一个著名的教育方法就是“平行影响”。它的实质在于要求教师通过集体来影响人，要求经常地从个人转向集体或从集体转向个人。这种方法有一个优点，就是教师在教育学生时，不是使学生总感觉自己是被教育的对象，从而产生厌恶之感，甚至使师生之间的正常关系遭到破坏，而是让学员体验到自己是教育的主体，以便提高他们的自尊心和自信心。这里仅举马卡连柯采用这种方法教育学生的两个实例。

学生瓦夏因为醉心于玩足球，以致忽视了家庭作业，结果只得了两分。马卡连柯不是找瓦夏本人谈，而是利用一次很好的机会找来了瓦夏的好朋友舒拉谈起班上的一些事情，随后很自然地谈到了瓦夏。

他以非常沉痛的心情和声调对舒拉说："按瓦夏的能力来讲，他可以成为班上的优秀生，但是他沉迷于玩足球，结果什么都弄坏了。"接着又感叹道："难道你的朋友的意志就是这样薄弱，不能克制自己？不，绝不会，我相信瓦夏是能够克制自己的。"随后马卡连柯又谈到其他的问题上去了。

谈话结束后，舒拉立即跑到瓦夏那里，向他转告与老师谈话的内容，并用教师的姿势和声调使谈话更为有力。

从此之后，瓦夏便能坐下来做功课，在没有做好作业以前，他一直不离开座位。

在马卡连柯看来，正确地运用这一方法，不但要区分教师与被教育的学生直接发生教育关系的"成对影响"的不同，而且要避免一成不变、死板地运用这一方法。掌握教育技巧，灵活施用特别重要。

有一天，学员彼得连柯上班迟到了。马卡连柯得知这件事情后，不是和某些采取"成对影响"方法的教师一样，把彼得连柯立刻找来，申斥一顿或给予适当的惩罚，而是采取了"平行教育影响"这一通过集体以影响个人的方法。他把彼得连柯所属分队的队长叫了来，对队长说："你的队里有人上工迟到。""是的，彼得连柯迟到了。"队长答。"以后不要再有这样的情形。""是，以后不会有了。"

可是彼得连柯第二次又迟到了，马卡连柯仍然不单独把他本人找来，而是把全分队集合起来，并责备他们说："你们分队里的彼得连柯第二次迟到了。"

马卡连柯责备了全分队，分队集体保证以后不会再有这样的情形。散会后，分队成员立刻教育彼得连柯，并对他说："你上工迟到，这就等于说我们全分队都迟到了。”该分队以后就把彼得连柯当作整个集体的一分子，向他提出了许多严格的要求，而彼得连柯也在集体的影响下，克服了迟到的现象。

从以上两个例子中可以看出，应用“平行教育影响”，需要教师深刻地了解学生，需要教师的机智。同时，也需要教师掌握一定的教育技巧，善于在不同的条件下去应用它。如果机械地运用这一方法，则收不到良好的教育效果。

理念6：美化集体

马卡连柯根据人的心理对美的种种感受，在他所领导的捷尔任斯基公社，运用美学观点来考虑学校建筑，组织许多与美育有关的活动小组，采取军事化的原则对美加以保护等一系列措施，把美洒向各个角落，以培养学员对美的感受，对美的追求，再造美的心灵。我们可以体会这种教育方法。

夏天，一批新从火车站接来的流浪儿童被带到公社浴室门前的院子里。马卡连柯告诉他们：屋里有洗澡、理发间，请洗澡、理发后，换上为大家准备的新制服、皮鞋和马裤。

新来的儿童走进浴室，脱得赤裸裸的。马卡连柯让老学员把新学员脱下的破旧衣物装在小车上。刚才要大伙注意纪律的格外要求，已使新人们脸儿发红了；现在把旧衣物拿走的举动，更使这些人局促不安。他们洗、理完毕，穿上新服装，被领到了公社花坛中间的广场上。这时他们的旧衣物已堆了一大堆，正被人洒上煤油当众烧毁。此后，一位学员拿着扫帚和桶，将油垢蓬松的灰尘扫得干干净净，并向最靠近的一个新人说：“你们所有的经历都烧光了，现在你们换上了‘新装’，开始了新的生活。”

工学团学员们哈哈大笑，笑这位学员粗中有细的睿智。而新生们有的胆怯地环顾着，有的似乎感到“穿新装”的不自在……

这种别具一格的欢迎新人公社的流浪儿童的系列活动，象征着旧生活、旧思想、坏作风从此在这些流浪儿身上永远完结了。这种洗、理和换上新装的举动，是对新学员的一次美的熏陶。

此后，通过对这些学员的教育培养，马卡连柯在乘电车时意外地发现，新学员与老学员一样，都能自觉地执行在电车上“给老、弱、妇、孺让座”的规定。一位学员坐在电车里，并没有看见马卡连柯，当电车上进来了一个人时，那社员立刻小心地让出位置，同时注意不让别人发现，做好事不张扬、不留名，成为社员行为美的缩影。

（北京市丰台区芳古园小学　申瑞芝）

4. 马卡连柯的集体教育成功秘诀带给学校的启发

很多儿童教育机构、儿童之家和工学团的失败，就是由于前途观念的薄弱和不正确。如果不能建立前途观念，就不能获得良好的工作和纪律。

——马卡连柯

[摘自《马卡连柯教育文集》，（苏）马卡连柯著，人民教育出版社 2005 年版]

高尔基工学团和捷尔任斯基公社，是十月革命后苏联政府为那些无家可归的流浪儿和违法青少年所建立的特殊教育机构。有一个人的名字和这两所机构紧密相连，他就是苏联著名教育家马卡连柯。他在这两所特殊学校的 16 年间，采取了教学和生产劳动相结合的方式，把 3000 多名失足青少年培养成为了将军、工程师、医生、教师、新闻记者、工人等，得到了社会的认可和好评。

马卡连柯创造了教育史上的奇迹，而他成功的秘诀就是集体教育。马卡连柯认为，全部教育过程应该是在"在集体中，通过集体，为了集体"的原则下进行，为我们如何培养一个良好的集体提供了很好的借鉴。

教育的前提——尊重与信任

十月革命后，流浪儿童和青少年罪犯成群；教育和改造他们成了苏联新政权的一项重要任务。如何把他们培养成为对社会有用的人才呢？马卡连柯认为重要的一条就是热爱、尊重和信任他们，其"基本原则永远是尽量多地要求一个人，也要尽可能地尊重一个人"。在他看来，尊重人、信任人，是教育人的前提；只有从尊重人、信任人出发，才能产生合理的教育措施，才能取得良好的教育效果。

谢苗·卡拉巴林是马卡连柯的学生，正是马卡连柯对他的尊重和信任让他走上新生的历程。一天，马卡连柯去监狱保释卡拉巴林，当他和监狱长一起替卡拉巴林办理出狱手续时，马卡连柯亲切地要他暂时离开办公室，当时卡拉巴林对此并不理解。十年后，当卡拉巴林成为一名教师时，马卡连柯才告诉他说："我当时叫你走出监狱长的办公室，是为了不让你看见担保你出去的条子。因为这可能会侮辱你的人格。"卡拉巴林说："马卡连柯注意到我的人格，可是那时，我自己还不知道什么是人格。这是他对我的第一次温暖的、人道的接触。"

正是马卡连柯的尊重和信任，激起了一个又一个青少年违法者和流浪儿童的自尊感，把他们从自暴、自弃、自卑、失望和堕落的深渊中解救出来，使他们重新燃起热爱生活、追求美好前途的火光。

前景教育——以任务驱动实现目标

马卡连柯认为，在改造过程中，不应该把注意力集中在过去的错误上，而应引导他们看到美好的未来。他强调："一个人向前瞻望的时候，如果看不到一点快乐的远景，他在世界上就活不下去，人类生活中真正的刺激是未来的快乐。"特别是青少年富有幻想，当学生的幻想指向于集体活动，指向于集体发展的前景时，它不仅可以使整个集体变得生机勃勃、奋发有为，而且可以使学生在奔向集体共同目标的过程中更加关心、热爱集体。

为此，他提出了"前景教育"原则，认为教师要在教育过程中经常给学生指出美好前景，即给学生提出一个或几个需要经过一定努力才能完成的新任务，吸引集体中的每一个成员，为完成新的任务，实现新的前景，由近及远、由易到难地开展活动，由简单的原始满足发展到最高的责任感，从而使整个集体朝气蓬勃，永葆青春。这个原则又被称为"明日欢乐论"。

应当如何正确地应用这个原则呢？首先，当集体完成了既定的任务，就要有步骤、有计划地提出新任务。这样，集体才能不断前进并取得新成就。他深有体会地指出："很多儿童教育机构、儿童之家和工学团的失败，就是由于前途观念的薄弱和不正确。如果不能建立前途观念，就不能获得良好的工作和纪律。"其次，不断把受教育者较简单的愉快情绪转变为较为复杂而有意义的愉快情绪。他指出，培养人就是培养他获得未来快乐的前景的道路，方法就是建立新的前景，利用已有的前景，逐渐代之以更有价值的前景。这可以随便从吃一顿丰盛的午餐、看一场马戏等细节入手，逐步扩大到国家的前途。再次，教师必须指导学生制订出集体生活和工作的计划，并认真地贯彻执行。

合理惩罚——有助于学生形成坚强的性格

在对学生进行教育的过程中，适当的奖励和惩罚是非常必要的。马卡连柯认为，奖励可以调动学生的积极性，使他们相信自己的力量，激励他们进一步努力。但他也同时指出，应用奖励时必须谨慎，不能乱用，"要看环境、时间、个人和集体的特点，要看执行者的才能和修养，看最近时间要达到的目的，看全部的形势如何而定"。

在对待惩罚问题上，马卡连柯认为"不采用惩罚手段"的说法纯粹是一种"知识分子"的见解，是"教育家"们的见解。这样的逻辑会使得教师无所适从。在他看来，合理的惩罚制度不仅是合法的，而且也是必要的。"这种合理的惩罚制度有助于形成学生坚强的性格，能培养学生抵抗引诱、战胜引诱的能力。"

在捷尔任斯基公社里，马卡连柯制定了多项有关惩罚的措施：值勤，主要是在厨房里做清扫工作等；禁止在休假日外出；暂不发他们所挣的零用钱；免除生产工作，转调做事务工作；禁闭；单独或在班会、校会上批评；用学校命令警告、队内警告；收回学校徽章；禁止消遣和娱乐；禁止儿童去看同学；直接后果惩罚，如工作做得不好则补做，若不整洁则补做清洁工作等。此外，还采用"开除"作为最严厉的惩罚形式，而且必须通过全体社员大会来执行。

对于惩罚，马卡连柯的态度是谨慎的，"一般来说，应尽可能少处分”。他尤其反对体罚，认为用体罚来教育孩子“不过和类人猿教养它的后代相类似”。马卡连柯在《教育诗》中记叙了这样一段事实：一天他叫工学团团员扎陀罗夫砍柴给厨房用，谁知他竟挑衅似的拒绝了。马卡连柯在忍无可忍的情况下，举手打了他三记耳光。虽然这三记耳光彻底改变了扎陀罗夫的人生，使他走向光明的未来，但冷静下来的马卡连柯思考后，还是觉得这种做法是“十足的绝望和无能的表现”。

劳动教育——强化学生的组织性和纪律性

重视劳动教育是马卡连柯教育思想体系的基本特点之一。按照马卡连柯的意见，“正确的苏维埃教育，如果不是劳动教育那是完全不能想象的”。

在他看来，劳动教育可以培养学生良好的道德品质，发展智力和能力，加强组织性和纪律性，从而有助于从事较复杂的劳动。捷尔任斯基公社有个研磨工，由于当时对研磨零件的精确度要求非常高，他养成了讲求精确性的特点。后来从事医务工作，他依然表现出认真负责、一丝不苟的工作作风，成为一名出色的医生。

劳动也可以培养学生的组织管理的才能。在捷尔任斯基公社里，马卡连柯充分发挥学生的积极性和主动性，让他们主持各种会议，负责生产、值勤等工作，从而使那些十六七岁的青少年就能胜任车间长，使十八九岁的青年能管理复杂的车间生产。

学生参加生产劳动，同时还有助于改善他们的物质生活和学习条件，而且能为社会创造物质财富。创办工学团之初，一切全是破烂不堪的，许多人食不果腹、衣不蔽体。在困境中，马卡连柯与学员同甘共苦，全身心地投入集体的建设中，每天工作十五六个小时，有时甚至到了要隔一天才睡一次觉的程度。他率领学员到附近森林中去砍伐树木，共同完成劳动任务。以此为突破口，他对学员提出了服从纪律、热爱劳动、建立健全生活制度的要求。工学团利用逃亡地主的大庄园，自己动手，耕种土地。最初三年中，新学员一批批进来，工学团经营生产范围也逐步扩大。马卡连柯还建工厂，经营大规模农田建设，办起牧场和养猪场，自己动手改善生活和学习条件。在捷尔任斯基公社时，他还办起了照相机厂，进行技术含量较高的工业生产。脑力劳动与体力劳动的结合，不仅使学员的生活日益富裕起来，精神面貌也逐渐发生了变化，劳动改造了他们好吃懒做、唯利是图的劣习。

《教育诗》——集体教育的代表作

纵观马卡连柯的一生，他的“得意之作”莫过于把数以千计的流浪儿和违法青少年再教育成为真正的新人。他在从事教育的过程中也提取了许多有价值的经验，创作了一百多本（篇）、数百万字的著作。在所有的著作中，影响最大的是反映高尔基工学团生活的教育小说《教育诗》，它也是马卡连柯集体教育的代表作。《教育诗》的完成，与苏联大作家高尔基的鼓励和关心是分不开的。

有一次，高尔基来到工学团，在谈到儿童教育的时候，他对马卡连柯说：“您应该把这一切都写出来。”在这位伟大作家的建议下，马卡连柯觉得是应该拿起笔来的时候了。当他拿起笔时，工学团孩子们一幕幕的生活场景一下子都浮现在眼前；十多年来笔记簿上所记录的生活细节、比喻、警句也都一下子跃然纸上，他仅用两个月的时间就完成了《教育诗》第一部的写作。

《教育诗》叙述了工学团里的流浪儿童，在集体教育理论和方法指导下，从不遵守纪律的一群乌合之众逐渐转变为团结战斗的集体的故事。此书多次出版，仅至1953年为止，已在苏联印了41版，印数达120多万册，后又多次再版并被译成多种文字在众多国家和地区出版发行。可以说，《教育诗》是十月革命后苏维埃最宝贵的教育学遗产，在世界教育史上也占有重要的地位。

（华东师范大学教育学系　杨光富）

教书与育人

1. 马卡连柯集体教育思想对教师管理的启迪

在集体中，通过集体而进行教育。

——马卡连柯

[摘自《马卡连柯教育文集》，(苏) 马卡连柯著，人民教育出版社 2005 年版]

马卡连柯在集体教育方面的一些真知灼见，对于我们今天的普通学校教育有着特别重要的现实意义和指导作用。这里且与大家一起分享马卡连柯提出的集体教育原则——在集体中，通过集体，为了集体。

现实中，不少老师在学生迟到、打架等违规事件上花了大量时间进行个别教育，结果学生还是屡教屡犯，而有些老师把班级分成小组，各个小组之间开展德、智、体全面竞赛，结果凭借小组的力量就解决了迟到之类的难题。这表明“在集体中，通过集体，为了集体”这一集体教育原则在新形势下仍然具有现实意义。

其实在班级管理中，许多老师在自觉不自觉地尝试马卡连柯的集体教育思想。鹤岗市私立育苑小学高春梅老师曾经讲过这样一个故事：“陈鹏是一个自私、霸道、唯我独尊的孩子，一次调座位后发现自己的椅子比别人的矮，他觉得坐着不舒服，于是提出要与别人换椅子，可此前很多同学坐过这把椅子，没有一人提出这种要求。面对他的无理要求，我告诉他：‘你去与同学商量吧，如果同学愿意，可以换。’可谁知陈鹏回到座位后，硬逼着同桌与他换椅子，同桌不肯，他就动手抢，两人僵持不下。我要制止时，坐在陈鹏身后的胡文玲提出与他换椅子，这事才算平息。班会课上，我把‘抢椅子’的一幕讲给同学们听，请大家发表看法。同学们言辞激烈，纷纷指责陈鹏自私，称赞胡文玲谦让，并给陈鹏提出了中肯的劝告。大家纷纷表示，他们不愿与自私的人交朋友。在集体舆论压力下，陈鹏站起来承认了他的错误……”

高老师为班主任们提供了一个“在集体中，通过集体，为了集体”的生动范例。如果一个班主任常常为班级管理和学生思想工作所累，常常心急火燎地忙着当“消防队员”，那应当反省一下，自己是否忽视了“班集体”这一教育手段和教育资源。如果个别教育总是很难见效，而且付出很多也无济于事，那就要问问自己：可否“通过集体”来解决？

曾有老师质疑：“马卡连柯那样的做法，会不会使学生受到伤害呢？”这个问题提得非常好，学生受伤害的问题确实应该加以防范。其实对犯有过失的学生“在集体中”与“通过集体”进行教育是有条件的，如果这个“集体”具有健康的舆论、良好的风气、正确的价值观、友好的同学关系，那么上述老师所担心的事一般不会发生。所以应用名家经典，也需要具体情况具体分析，区别对待。比如对于鼓励性的教育，低水平的班集体也可以实施“在集体中”和“通过集体”的教育策略，而对于批评性的教育则要慎重，要考虑当事人的承受能力及班集体水平。其实对于高老师的具体做法可以学，也可以不学，而对于案例中展示出的集体教育策略和智慧则不可不学。

（浙江嵊州教师进修学校　蒋玉燕）

2. 信任的力量

信任——这是头等重要的法律。

——马卡连柯

[摘自《马卡连柯教育文集》,(苏)马卡连柯著,人民教育出版社2005年版]

40多年前的一部苏联电影《教育的诗篇》,是根据教育家马卡连柯的自叙作品(书的中文译名是“教育诗”)改编的,描写了1920年,由于受到国内战争和外国武装干涉的破坏,许多孩子失去双亲,无家可归,马卡连柯用关怀、热情与知识将这些不受管教的野孩子教育成诚实、有纪律、热爱劳动的新人。其中一个情节让人们至今难忘——

一天,马卡连柯把一个劣迹斑斑又不服管教的学员叫到办公室,说:“学校急需一笔钱,要到十几里外的银行去取,派不出别的人,你去。”那学员瞪大了眼睛,问:“我去?”又挑战似的说:“我可是当过小偷的。”马卡连柯似乎没听见他的话,说:“天气不好,可能有暴风雪,你骑匹马去。”然后就埋头办公了。那学员迟疑地站了一会儿,看马卡连柯不再答理他,一跺脚冲出门去。后来,果然来了暴风雪,只见那小伙子背着一袋钱,伏在马背上,顶风冒雪一路狂奔,当他裹挟着风雪闯入马卡连柯的办公室时,衣帽成了冰的盔甲。马卡连柯对气喘吁吁的他只说了一句话:“你回来了?”接过钱袋随手扔进抽屉里,又埋头办公了。那喘息未定的小伙子脸憋得通红,向马卡连柯吼道:“你为什么不数数那钱?!”马卡连柯平静地说:“你在银行一定数过了,我没有必要再数。你已经完成了任务,休息去吧。”……后来,他成为马卡连柯的得力助手。

这一极富戏剧性的情节，不是编出来的，而是马卡连柯的一次真实的教育实践，就写在他那本自叙的书里。一个遭遇过怀疑和冷眼的“不良少年”，没有堕落到破罐子破摔，反而走向新生，变成有为青年，在他人生两个阶段的界碑上，是马卡连柯写的两个字：信任。

马卡连柯以一个教育家博大的胸怀和爱心，为我们塑造了一个用爱心感化“坏孩子”的令人爱戴和尊敬的教师形象。

马卡连柯本着“我的基本原则永远是尽量多地要求一个人，也要尽可能地尊重一个人”的教育思想，使一个劣迹斑斑又不服管教的学员“朽木发芽”。类似的事例在马卡连柯一生的教育生涯中不计其数。

是啊，还有比这个劣迹斑斑又不服管教的学员更为“冥顽不化”的学生吗？或许有，但我们也可以像马卡连柯那样，充分地信任学生，并且安排力所能及的事情让学生去完成，以此来感化学生，让学生获得成功的喜悦，由此开启他们新的航程，促使他们从老师的“对手”转化成老师的帮手。

我们班的王同学“脱胎换骨”的实例就有力地证明了信任的力量。王同学常常说谎，对任何事情都吊儿郎当，抱着无所谓的态度，因此，他没少给班主任和科任教师带去麻烦，之前老师们对他是“恨铁不成钢”，认为他无可救药了。当了解了这一情况，特别是读了马卡连柯的教育文集中的上述故事后，我们决定用马卡连柯的教育策略去改变他：在新学年开学初，针对王同学字写得漂亮的特长，提议由他来担任班级的宣传委员，负责板报等工作。当时，他根本不敢相信这是真的，毕竟，以前班级中的大大小小的“官”，压根儿就不会轮到他。

就这样，王同学带着老师、同学的极大信任，走马上任了。他果然不负众望，以“知恩图报”的热情与干劲，积极开动脑筋、想方设法地把工作做好，做出特色来。正因为如此，我们班级的宣传工作连续受到学校领导的表扬，黑板报评比也屡次夺冠，对于这些成绩和荣誉的获得，王同学功不可没。

不仅如此，王同学逐步改正了不诚实等缺点与不足，赢得了师生的刮目相看，在升学考试中如愿以偿地迈进了心仪学校的大门。

开卷有益，尤其是学习马卡连柯等教育名家的教育思想，对我们启发很大，使我们的教育教学工作找到了“捷径”，少走了许多弯路。我们由衷地向广大教师同行强烈推荐马卡连柯的文集，希望大家能够从中获得教育教学的智慧和灵感，为做好教师工作助力。

（上海市闵行区上海师范大学康城实验学校　程立海　朱叶梅）

3. 面对无理的学生

我们要善于这样说话：使孩子们在我们的话里感到我们的意志，感到我们的修养，感觉到我们的个性。

——马卡连柯

[摘自《马卡连柯教育文集》，（苏）马卡连柯著，人民教育出版社 2005 年版]

教育教学工作中难免出现这样那样的问题与困惑，要破解它们，行之有效的途径无疑是向世界级的教育大家、名家学习，让智慧为我们指点迷津，马卡连柯就是这样一位享誉中外的智慧老人，他的文集和他的身上就有取之不尽、用之不竭的教育教学的大智慧。

可以这样说，在我们的教育工作中，会遇到各种各样的学生，其中不乏蛮不讲理的学生，面对他们，该如何做？马卡连柯为我们支出了实招。

马卡连柯教导我们："我们要善于这样说话：使孩子们在我们的话里感到我们的意志，感到我们的修养，感觉到我们的个性。"马卡连柯是这样说的，更是这样做的。

《教育诗》中有这样一个故事：

奥普利希柯无论如何不肯从流浪儿童临时收容所到工学团去，马卡连柯只得亲自出马去接。这个"特殊"人物躺在床上，用蔑视的目光迎接着马卡连柯。

"滚你的，我哪儿也不去!"

关于他的"勇敢"的性格，马卡连柯听别人说过，所以马卡连柯这时说："先生，我非常不愿意打扰您，但是我不得不来尽我的职责，我恳求您坐上为您准备的马车。”

奥普利希柯起初被马卡连柯的“万分殷勤周到的态度”弄得很诧异，甚至在床上坐起来。过了一会儿，他原来的那种喜怒无常的脾气又占了上风，他又把头倒在枕头上。

“我已经说过了不去！……不要多啰唆！”

“既然这样，敬爱的先生，我万分抱歉，只好对您采用强力了。”

奥普利希柯从枕头上抬起他那生满卷发的头，带着毫不做作的惊奇向马卡连柯看了一下。

“啊呀，从哪儿来的这么个家伙？你以为这么容易就能用强力把我制住!”

“请您注意……”马卡连柯加重了威慑的语调，还加上讥讽的口气：“……亲爱的奥普利希柯……”

接着，马卡连柯突然对他大声喝道：“喂，收拾收拾，还躺着干什么！对你说，叫你站起来!”

奥普利希柯从床上一跃而起，奔到窗口：“真的，我要跳窗了!”

马卡连柯轻蔑地对他说：“要么就赶快跳窗，要么就是上车，我没有工夫跟你多纠缠”。

他们是在三层楼上，所以奥普利希柯高兴而爽直地笑着说：“你真是麻烦！……唉，叫我怎么办呢？您是高尔基工学团的主任吗?”“正是。”“哗，您该早说呀！早说了我们早就可以走了。”他们精神十足地准备上路了。

马卡连柯就是马卡连柯，他以软硬兼施的办法，灵活机智的谈话艺术，让奥普利希柯一步步走入设计好的圈套而就范，最终达成让其回归学校、回归课堂的目的。

这个故事告诉我们，教师在转化“难缠”学生的时候，一定要注意恰当的举措，要选择适当的地点、时间、环境和声调，恩威并济，这样才可以收到良好的效果。

其实，马卡连柯教给我们的教育教学“秘笈”何止这些，还有更多的教学智慧等待着我们不断学习，终生受益！

（上海市闵行第二中学　许织云）

4. 马卡连柯充满爱心的教育故事

你们坐在这里就像玻璃人一样，你们内心的变化我都看得见。

——马卡连柯

[摘自《马卡连柯教育文集》，(苏) 马卡连柯著，人民教育出版社 2005 年版]

故事 1：艰苦办学

马卡连柯的名字与“高尔基工学团”“捷尔任斯基公社”紧密相连。他在这两所特殊学校 15 年的教育实践中，造就了 3000 多名名副其实的技工、红军干部、学者和专家，其中不少人后来成了国家勋章获得者、先进工作者和卫国战争的英雄。他形成了自己具有特色的教育思想体系，得到了社会的公认和好评。然而，人们不会忘记马卡连柯创办工学团时的艰难。

那时，正值苏联十月革命后不久，苏维埃政权刚刚成立。由于第一次世界大战和国外帝国主义武装干涉的原因，国内许多儿童失去了父母，流浪街头，有些甚至成了罪犯，人数逾二百万。为了解决这一严峻的社会问题，苏联政府成立了以捷尔任斯基为领导的“儿童生活改善委员会”，并在各地创设了工学团。在此背景下，马卡连柯受命创办“波尔塔瓦幼年违法者工学团”，不久更名为“高尔基工学团”。

创办工学团之初，马卡连柯面临着重重困难。由于国家经济在战后处于暂时困难时期，师生在生活上处于无法想象的贫困——挨饿受冻之中。师生吃的是小米粥，穿得差不多同样破烂，教师们基本不领工资，连修靴子的钱都没有，靴底破了很长时间，都没有打掌，总有一块包脚布要钻出来。工学团的校舍都是破旧的房屋，缺乏任何设备；教师只有四名，除马卡连柯外，还有一名年老的总务主任和两名女教师。而他们面对的却是曾持枪抢劫和盗窃的失足者——身强力壮、行动敏捷的青少年。这些人对教师傲慢无礼、粗暴野蛮，蛮横地拒绝和破坏工学团一切自我服务的规则。马卡连柯本不主张体罚，可是最初竟被学员逼到绝望和疯狂的地步，还动手狠打了扎陀罗夫。后来，他冷静下来思考，觉得这种做法实在不妥，只能是当时无能为力情况下的一种解脱。

在困境中，马卡连柯每天工作十五六个小时，有时甚至到了要隔一夜才睡一次的地步。他通过对现实状况的分析、研究，逐步形成了坚定的信念：失足青少年是完全可以教育好的。应当采取既严格要求又满怀尊重和信任的态度，通过组织他们从事生产劳动，把他们引导到正常的广阔的生活大道上去。在这一思想指导下，他带头与学员同甘共苦，率领他们到附近森林中去砍伐树木，共同完成劳动任务。以此为突破口，他对学员提出了服从纪律、热爱劳动、建立和健全生活制度的要求。接着，马卡连柯抓住时机，利用逃亡地主的大庄园这一有利条件，组织学员自己动手，耕种土地。最初三年中，新学员一批批进来，工学团的经营生产范围也逐步扩大。他们先后组织了铁工厂、木工场、制鞋场、面包房，还办起了养猪场和放牧场。学员们的生活日益富裕起来，精神面貌也逐渐起了变化。劳动改造了他们好吃懒做、唯利是图的劣习。

马卡连柯重视集体教育。对工学团里接二连三发生的偷窃事件，他组织“人民法庭”，教育偷窃集团的首犯布隆。根据当地群众的需要，他组织学员自觉承担保卫国家森林的任务。在工学团里，除了对半天进行生产劳动、半天上课学文化的严格实行，还定期举办诗歌朗诵会、政治学习会。这样，学员们逐步提高了认识和觉悟，增强了集体荣誉感、责任感。工学团不只在物质生活上得到了改善，而且有了“新集体的萌芽”。

故事 2：心想大家

工学团创办的初期，粮食特别紧缺。马卡连柯虽多次向有关部门求援，但每次得到的却只有一点，根本无法解决师生的温饱问题。而人生的第一需求就是温饱，这导致了对学员们进行道德改造工作的复杂性。有的学员开始去偷，且屡禁不止。学员塔拉涅茨和几个学童想出一个办法，他们自己找来几张渔网，到附近河里去捕鱼，仅供他们小圈子里的人享用，以满足食欲。一段时间过后，塔拉涅茨大胆决定把马卡连柯也吸收到这个小圈子里来。有一天，他端了一盆炸鱼送到马卡连柯的房间里去。“这鱼是送给您吃的。”“哦，是送给我的？不过我不能收。”“为什么？”“因为这样做不对，应该把鱼分给全体同学吃。”“这是为什么呢？”塔拉涅茨气得涨红了脸，“这网是我弄来的，鱼是我捉来的，我在河里弄得浑身是水，可是鱼倒要分给大家？”

“那么把你的鱼拿去吧，我什么也没有做，也没有弄得浑身是水。”“这是我们送给您的……”“不，我不能收，我不喜欢这一套。而且这样不对。”“有什么地方不对？”“因为渔网不是你买来的。网是公家送的吧？”“是送的。”“是送给谁的？是送给你的，还是送给整个教养院的？”“为什么是送给‘整个教养院’的？是送给我的……”“我还以为也是送给我，是送大家的呢。你炸鱼用的锅是谁的？是你的吗？是大家的。你跟女厨子要来的葵花籽油是谁的？是大家的。还有烧的柴，还有炉灶和木桶呢？你还有什么好说的？只要我没收了你的渔网，事情就完了。最主要的是你这样不是对待同志的态度。你的网——哪有什么了不起，你应该替大家着想。捕鱼是大家都会的。”

“好吧，”塔拉涅茨说，“就照您说的办。不过鱼还是请您收下吧。”

马卡连柯还是收下了孩子们送来的鱼。从此，捕鱼工作就由大家轮流担任，产品都送到厨房里。

故事3：非凡观察

高尔基曾指出：“马卡连柯了解他的每一个学生，并能用几句话说明每一个学生的特点，仿佛用快像机照出的一样。”这是对马卡连柯非凡观察能力的真实写照。他只要和你谈几句话，只要和你接触过一次，就能洞察你的肺腑。这里有一个反映他这方面能力的有趣故事。

有两个年轻的女大学生，在得知高尔基工学团没有根据“儿童学”的观点，设立专门研究儿童心理的机构之后，感到非常惊奇。于是她们和马卡连柯进行了一番“询问究竟”的谈话：

“你们这里有没有儿童学研究室?”其中一个女大学生问道。

“没有儿童学研究室。”

“那么你们怎样研究个性呢?”

“研究孩子的个性吗?”马卡连柯尽力严肃地问。

“嗯，是呀。你们学生的个性。”

“为什么要研究个性呢?”

“怎么叫‘为什么’？不然你们怎么工作呢？你们怎样去应付你们不知道的东西呢？你们学生的显著特性是什么?”

另一个女大学生打断她的话轻轻地说：“如果工学团里不研究个性，你问他显著特性也是白问。”

“不，为什么是白问?”马卡连柯态度严肃地说，“关于显著的特性我可以谈一点，在这里占优势的显著特性跟你们那里的一样……”

“您怎么知道我们是什么样的人?”前一个女大学生态度生硬地问。

“你们现在不是坐在我面前跟我谈话吗?”

“那又怎么样呢?”

“这样我就可以看透你们。你们坐在这里就像玻璃人一样，你们内心的变化我都看得见。”

这个事例告诉我们，马卡连柯是一位善于观察、了解学生心理的教育家。他对自己学生的年龄特征和个性特点了解得一清二楚。

（北京市私立汇佳中学　马　宝）

5. 班级管理的细节之妙

从口袋里掏出揉皱了的脏手帕的教师，已经失去当教师的资格了。

——马卡连柯

[摘自《马卡连柯教育文集》，（苏）马卡连柯著，人民教育出版社 2005 年版]

作为一个班级管理者，更应该抓住小的苗头以预防问题的发生。何谓班级细节管理？班级细节管理就是在管理班级时发现那些暗含玄机、事关成败的小事与苗头，并对这些小事与苗头进行感知、洞察、思考和处理，从而维护班级正常发展的一种管理方式。如果班主任能够关注细节，并且及时妥善地解决这些细节问题，班级管理就可以避免许多失误。

方法 1：见微知著，从细节中认识学生

古人云：“阅人以微”，说的是看人要从细微之处去认识。

明末将军洪承畴被捕后，大有以死报效大明的架势，清朝统治者本打算杀了他。但一位有经验的老臣看到洪承畴对衣服上的污渍非常在意，认定他对生充满了留恋，便想办法劝降了这位“大义凛然”的将军。

玛丽到公司去应聘，因为她把别人递来的开水非常自然地递给了主考官一杯而受到青睐。但最终玛丽没有被录取，因为当公司决定派她到田纳西州去工作时，她说要回去和父母商量，公司认为她没有主见，无法独当一面，决定不予录用。这种从细节中判断人的性格、品质的做法是有一定道理的。我们认识学生又何尝不是这样呢？

一个学生初到学校便主动与同学打招呼，说明他热情好交际；一个学生郁郁寡欢、独来独往，可能有什么心事或者来自一个气氛压抑的家庭；一个学生如果披衣散扣、衣冠不整，说明他是一个懒散或者在生活上不拘小节的人。任何事情的发生都有其先兆，所谓“山雨欲来风满楼”，班主任要能见微知著，才能因势利导，管理好班级。

方法2：言传身教，用细节教育学生

马卡连柯曾说过：“从口袋里掏出揉皱了的脏手帕的教师，已经失去当教师的资格了。”这句话告诉我们，作为一个教师，如果你不能在细节上影响学生，便不能当好学生的导师。如果教师总是衣冠不整、蓬头垢面，抑或整日油头粉面、浓妆艳抹，这样的教师怎能为人师表呢？中央电视台有一则很有意义的公益广告：忙得头发都来不及拢一拢的母亲俯身给老人洗脚，旁边的儿子看到这种情景后，也摇摇晃晃地端着一盆水来给自己的母亲洗脚。由此足见细节的影响力和榜样的力量。捷克教育家夸美纽斯曾说过：“教师的职务是用自己的榜样教育学生。”为了使学生的人格健康发展，教师必须致力于塑造自己的高尚人格。要照亮别人，自己心中必须有火种。教师的劳动就是一种以人格培育人格、以灵魂塑造灵魂的劳动。而一个教师的人格和灵魂并不只是表现在大是大非上，更多的是表现在平时的一言一行上，表现在与学生相处的一点一滴中，这些细节可以说是一丝丝“随风潜入夜，润物细无声”的春夜喜雨。

一所山村小学，有这样一个怪现象，许多学生走路时背着手、弓着背，还有一部分学生卷着一条裤腿。问他们为什么这样，他们说，老师就是这样的。一看，老师果然这样。这个故事是引人深思的。有什么样的班主任就有什么样的学生，这句话揭示了班主任形象的重要性。夸夸其谈的班主任，他的学生往往喜欢吹牛皮；说话和气的班主任，教育出来的学生大多温文尔雅……

方法3：潜移默化，用细节感染学生

细节管理是行动的学问。要把班级管理好，除了要缜密思考和周全计

划，最终还是要落实到行动上。班级管理者要把细节管理的精神贯彻到执行中，重视执行的每一个环节。

要提高班级决策的执行力，班主任要学会用细节去感染学生，让学生心服口服地按照要求去做。

崇文实验学校林霞老师的一则家访随记足以证明细节管理的重要性。

林霞家访随记

2007年3月10日　星期六　阴

傍晚起了风，今晚约好到龚臣家家访，他是这学期从铁五转来的学生。晚饭后6点20分把儿子送到青少年宫，趁他上培训班的两小时进行家访，时间差不多够了。

骑着电瓶车赶往城站龚臣家，风越发大了，吹起的枯叶夹着灰尘打着旋儿扑来，好冷！真后悔没有打的。到了约好见面的城站156路车站，我给龚臣妈妈打电话，原来她到建国路口去等候我了，家长总是把老师的家访当作头等大事。一会儿，龚臣妈妈骑着电瓶车迎面过来，客套一番后，她把我带往位于江城路的家，上六楼时我听到龚臣妈妈在给孩子爸爸打电话，好像是说老师已经到了，催他赶快回来。我忙说别麻烦孩子爸爸，让他忙自己的事儿吧。龚臣在家等着，见我来了，边迎接边说："林老师，你来家访，辛苦了！"多懂事的孩子。我坐下来，开始聊话题。龚臣妈妈有点激动，手忙脚乱地在一个罐儿里倒了两包早准备好的双峰牛奶让我喝，她以为我还没有吃晚饭呢！我告诉她已经吃过晚饭了，请她别客气，她还是坚持让我喝牛奶。其实出于礼貌我应该喝一口的，家长多有心呀。可我怕喝过一口后浪费了这一大罐牛奶，索性一直没喝。

接着话题围绕龚臣展开，开学一周以来，龚臣各方面表现都不错，特别是数学能力很强，也很快适应了新学校的生活，跟同学相处融洽，得到科任老师的好评。听到自己孩子的表现不错，龚臣妈妈自然高兴，她说："孩子在原来的小学成绩一直很好，老师也很喜欢他，只是学习生活感觉比较累，属于那种吃不饱又被拖着的孩子。转到崇文后他很喜欢学校设置的课程，觉得学得轻松、快乐而高效，校园环境也很美，很满意现在的学校。”正聊着，龚臣爸爸回来了，是提前结束应酬赶来的，对于我的家访一家人真是非常重视。当我问起龚臣的课余生活时，感到非常惊讶，孩子大部分的课余时间都被各种培训班占用了，双休日一个半天都没空，妈妈也辞去了工作专管孩子的学习和日常生活。我马上表示这样的安排会使孩子的负担太重，不是很科学。孩子爸爸也连连对孩子妈妈说：“你看，林老师也这样说。”又转头对我说：“她就是听不进去，孩子负担太重！”看来孩子的父母意见不统一。我理解一个为孩子辞去工作，望子成龙的母亲的心理。我建议要科学合理地安排孩子的课余时间，平时学习紧张，需要休闲娱乐，就龚臣来讲，块头那么大，偏胖，更加需要适当运动。听我讲得有道理，孩子妈妈连连点头，表示下学期一定给孩子少报一些培训班。

我悄悄拿出手机看了一眼，快8点了，差不多该接儿子了，可是这边家长还没有结束话题的意思。龚臣妈妈很仔细，什么事都问得很清楚，有些事得给她解释好几遍，她才放心。看来我一时还走不了，这时手机响了，原来我先生知道我要家访，已经去接儿子了。于是我又安心地坐了半小时，解答了一些他们的疑问，详细讲解了几项常规作业的格式。家长满意地接受了我的一些建议，我看时间已过8点30分，便起身告辞。夫妻俩从六楼一直送我到楼下，还一个劲儿叮嘱我骑电瓶车要小心。对于我的到访，家长总感觉耽误了我的休息时间，总是不时地感谢和表示过意不去。我跟他们说这是我工作的一部分，是应该的。夫妻俩一直目送我骑车转弯。

总算完成了一件事。将近9点，我骑着电瓶车飞驰在西湖大道上，风很大，路上已少有行人，路旁香樟树高大的树冠在风中摇晃着，在车道上投下长长的影子，好冷清的夜！我缩着脖子再一次后悔没有打的，真想早点到家。半路上手机又响了，是儿子，说是已经在断桥边的两岸咖啡等我。今天是周末，我也该放松一下的。

当我看着先生和儿子陷在两岸咖啡的沙发里听着轻柔的钢琴曲，捧着一杯热卡布奇诺暖手时，我好像已经忘记了一路奔忙的寒意和疲惫，剩下的是完成了一件该做的事后的那种轻松和宁静。呷一口卡布奇诺，才想起已过 10 点，晚上我是不能喝咖啡的，但今夜无眠也安然……

（后记：班主任工作的细和实是没有底的，我想凭着一种责任感和使命感，我们一定能把事情做得尽可能完满。）

班级管理没有什么神秘之处，它不过是由一个个细节组成。细节是深入浅出的学问，细节管理包含在管理的整个过程中，并且要从班主任自身做起。班主任讲求细节不一定能使班级管理成功，但成功的管理必定讲求细节。

（浙江省富阳市常安镇小学　孙华芳）

教与学

1. 与马卡连柯的思想一起飞

我们对个人所提出的要求，表现了对个人的力量和可能性的尊重，而在我们的尊重里，同时也表现出我们对个人的要求。

——马卡连柯

[摘自《马卡连柯教育文集》，(苏) 马卡连柯著，人民教育出版社 2005 年版]

马卡连柯闪光的教育思想，源于他30年执著的梦想与追求，源于他在实践中不懈的探索和思考。捧读《马卡连柯教育文集》，聆听马卡连柯轻快而悠长的讲述，重拾幸福快乐的享受。

一、演奏关心学生与教师合作的快乐双簧

在学生集体中，没有爱就没有教育。马卡连柯认为，即使是最好的学生，如果生活在组织不好的集体里，也会很快变成一群小野兽。在一个集体中，尊重人、信任人，是教育人的前提；只有从尊重人、信任人出发，才能产生合理的教育措施，取得良好的教育效果。

记得上初中时，我上午收的作业费不翼而飞了：30 多元的作业费在当时不算一个小数目，我夹放在桌洞的课本里，可谁知午休后不见了。询问同学们也没有结果，我焦急万分。无奈之下，我赶紧报告了老师。老师并没有责备我，只是嘱咐我以后小心一些。接着老师在班上讲述了这件事，并提出了解决的办法：全班同学先凑齐钱款；如果有同学拿了钱，就抽空归还，放在讲桌洞里，到时候老师再发给同学们。为此，我既惊奇，又感动。惊奇的是，老师没有彻查是谁偷了钱；感动的是，老师并没有责怪我，让我把钱补交上。当我成了一名教育工作者后，我才明白老师的一言一行、一举一动都会给学生造成深刻的影响：不彻查此事，目的是给偷钱的同学一次改过的机会。那次的经历让我牢牢记住，老师真诚的爱和无私的宽容能温暖每一个学生的心，做老师一定要尽可能地关爱集体中的每一位学生，哪怕他一时犯了严重的错误。

在教师集体中，要加强合作交流。还记得刚刚师范毕业时，我经常去观摩老教师的课堂，拜读老教师的教案，请教老教师治学的经验和管理教育学生的方法，感觉收获很大，在工作中事半功倍，得心应手。教师的合作中有一项很重要的内容，就是互相协作研讨，提高课堂教学质量。教师应该“学为人师，行为世范”，群策群力，在交流中共享，在倾听中协作，在活动中提高。马卡连柯强调，没有一个良好的教师集体，是培养不出良好的学生集体的。我发现，新老教师“结对子”，启动“青蓝工程”，开展“一人一堂优质课”达标验收活动，是教师专业发展提高的有效方法。教师合作申报教学课题，设计方案，积极进行课堂策略研究，分享彼此的思考、经验、知识和情感，让每一个环节都迸发创新的火花，达成共识、共享、共进，实现教学相长和共同发展，这是非常愉快的事情。

另外，我发现教师群体开展“同研一堂课”活动，能极大地促进动态课堂与合作学习形式的创建，学生良好学习习惯的养成，课堂教学效果、效率、效益的提高，教师专业成长和学生发展，也有利于教师集体的交流、互信与团结。具体做法为：

课前，授课教师先精心备课，然后级部同科教师帮助其修改完善，积极探索个人备课与集体备课相结合的有效方法，备出精品教案。

课堂上，全校同科教师一起观课，并提前做好分工，分别记录课堂上学生自主学习、展示、合作探究的时间，学生参与度，教师讲解时间，教师语言，内容衔接与处理，教学效果等，以期改革课堂教学，合理分配时间，还课堂于学生。

课后，全校同科教师参加议课，分析学情、教情，对照课堂记录进行定性和定量评价；授课教师及时吸取改进意见，弥补不足，完善精品教案，在自己所教的另外的班级重新授课，最后写出课堂实录与反思。

二、以心灵唤醒心灵，以成功引导成功

高尔基曾说：“马卡连柯了解他的每一个学生，并能用几句话说明每一个学生的特点，仿佛用快像机照出的一样。”

作为教师，学习与运用马卡连柯的理念十分重要。

首先，教师要善于了解学生。“世有伯乐，然后有千里马”，社会呼唤人才，但首先要有善于发现人才、培养人才的教师。教师只有在赏识学生、观察学生、评价学生的教育教学实践中，才能逐渐成为行家里手，成为“伯乐”。在平时的教学中，作为教师，需要练就非凡的观察能力和洞察学生心理的能力，对于学生的年龄特征和个性特点了解得一清二楚，做到只要和学生谈几句话，和学生接触过一次，就能洞察学生的肺腑。“其身正，不令而行，其身不正，虽令不从”“桃李不言，下自成蹊”，优秀教师往往是学生模仿、学习的最直接、最具体、最生动的榜样，教师要善于完善自我，运用自身的人格力量去熏陶、感化学生。

其次，教师要具备足够的教育机智，借用集体的力量，对个别学生实施有效的教育。我读过这样一篇报道：一个女孩身患癌症，在治疗了一段时间后想复学，可是因为长期化疗，头发掉光了。她的班主任老师家访时送给她一顶红帽子。等女孩回到学校，发现班上所有的孩子竟然都戴着红帽子，并且对女孩表示热烈的欢迎。女孩的惊喜之情可想而知。在以后的日子里，每天都有五位同学戴着红帽子，陪同这个女孩。这位老师，真正以一颗纯洁热情的心灵和丰富的教育智慧唤起了女孩开心生活的勇气。

第三，教师要发挥榜样的辐射带动作用。教师要善于运用榜样的力量影响教育集体，引导学生“见贤思齐”。青少年学生往往具有模仿性强、

可塑性大的特点，因此发挥现实中或者历史上榜样人物的导向作用，以他们个体的模范行为和优秀品德影响集体中学生的思想、感情和行为，能把道德标准人格化，使所有的学生在富于形象性、感染性和现实性的范例中获得难忘的印象。榜样的力量之所以是无穷的，是因为它可以使学生产生与具体的道德形象相联系的情绪体验。

第四，不要轻易否定一个学生。因为“你的冷眼里有牛顿，你的讥笑中有爱迪生”。如果经常对学生说：“我相信你一定能学好！”“你会有办法的！”“你一定会进步的！”……这样学生就会朝教师期待的方向发展，人才也就在期待之中得以产生。一个学生如果本身能力不是很行，但经过激励，才能得以最大限度地发挥，也许就变成了行。在日常的教育教学过程中，教师要有意识地告诉学生自己对他们的期望，并使之变成他们的“自我期望”。学生感受到教师对自己的期望，更能激发出无穷的力量，更好地发展自己。

我想，教育教学之路也许崎岖不平，但是，只要如马卡连柯一样，在年轻的眸子里装着梦，更装着思想，让每一个脚印都坚实而有力量，不停地走向远方，走向并珍爱每一处风光，那样，我们的生命会更辉煌，不停走着的我们也成了一处美好的风光。

（山东省寿光市稻田镇王望中学　赵广杰）

2. 以“小组”为基，用“平行教育”支招

在教育单独的个人的时候，我们应当想到整个集体的教育。在实践中，这两个任务只有同时用一个共同的方法来解决才行。每当我们给个人一种影响的时候，这种影响必定同时应当是给集体的一种影响。相反的，每当我们涉及集体的时候，同时也应当成为对于集体的每一个个人的教育。

——马卡连柯

[摘自《论共产主义教育》，(苏)马卡连柯著，人民教育出版社1954年版]

学生既是教育的客体，又是教育的主体，这是集体教育的精义所在，马卡连柯将其归纳为“平行教育”。马卡连柯教育理论告诉我们，在教育个人时应兼顾整个集体的教育。因为以个人为教育单位，教师常会陷入重复繁杂的工作中，而以整个集体为单位，不仅高效，还能发挥学生集体作为教育主体的作用。以小组为学生集体的基层组织，以“平行教育”为指导，创新各种举措让学生获得教育，这是一种“润物细无声”的智慧，也是教育大师马卡连柯给予我们的教育启示。

第一招：唤醒集体力量，根治学生“顽疾”

《马卡连柯教育文集》记录着不少马卡连柯通过学生集体实施教育的成功案例，发人深省。例如，彼得连柯两次劳动迟到，第一次，马卡连柯通过彼得连柯所在的分队队长传递教育，而当彼得连柯第二次迟到时，马卡连柯召集了全分队人员，对他们说：“你们分队里的彼得连柯第二次迟

到了。”当集合解散后，全分队的人都来教育彼得连柯，并对他说：“你上工迟到，这就等于说我们全分队都迟到了！”集体将彼得连柯视为全分队的一分子，对他提出了严格的要求，而彼得连柯在集体的影响下，永远克服了迟到的现象。

马卡连柯通过对整个集体提出要求，明确提出集体需努力的方向，并通过集体影响个人，使集体成了彼得连柯的“教育主体”。这也告诉我们，在日常教育中，我们要让学生明白集体是由无数个体组成的，缺少了任何一个个体，集体都是不完整的。我们要培养学生的集体荣誉感，引导每个学生主动积极地维护班级荣誉，坚决杜绝影响集体声誉的行为。

我从教数年，接任过不同层次的班级，而每个班级总会有几个学习不自觉、作业拖拉的孩子。在与许多老师们的交谈中，我发现他们的班级也存在着类似的情况。一般情况下，我们采取的教育方式是个别谈话，或批评教育，或循循善诱，再就是和家长沟通。但事实上，教师煞费苦心，结果却往往不尽如人意。究其根本，学生不良学习习惯的形成因素复杂，又多是“日积月累”所致。所谓“冰冻三尺非一日之寒”，光靠教师个人疏导无异于隔靴搔痒。小学生自我约束能力较弱，今日改了，明日又犯了，周而复始，“顽疾”总是无法根治。我班的小林同学即是如此，今日到办公室经历一番疏导，仿佛有洗心革面之感，但一两日过去，“旧疾”肯定复发，着实令人头痛。这学期，学校大力推进自主学习模式探究，把传统的秧田式的座位安排改成了小组合作的座位安排。座位的改变，让小组成员在空间距离上更加贴近，十分有利于小组成员间的相互影响。借此契机，我运用了马卡连柯的“平行教育”理论，制定班级公约，多管齐下，影响小林。

首先，我召开小组长会议，商讨确定各小组竞赛规则；接着，为了让全班达成共识和默契，举行班队会全班共同修订方案，举手表决；最后，为了让规则外化为看得到、摸得着的奖励，我在原有“你追我赶”个人竞赛台的基础上，再辟出小组竞赛角，取名为“小组赛道”。根据制定的各项制度，我们模仿校徽蝴蝶的形状，制成了蝴蝶奖章，作为对小组的奖励。具体奖励如下：

全组成员完成前一天的家庭作业，可以得到一枚蝴蝶奖章。

放学前完成学校内各项学习任务，可以奖励一枚蝴蝶奖章。

每天的晨读时间、午间自习时间，能做到自主学习的小组，奖励一枚蝴蝶奖章。

全组成员有一项作业全部得优，可得到一枚蝴蝶奖章。

写字课，做到“写字本干净，字迹美观，坐姿端正”的小组，奖励一枚蝴蝶奖章。

每次测试，小组平均分位列前三名的，各奖励一枚蝴蝶奖章。

出操、参加学校各类集会或前往多功能教室上课，能做到“快、静、齐”的小组奖励一枚蝴蝶奖章。

每次小组展示，获得全班好评的小组可以奖励一枚蝴蝶奖章。

……

每一条制度都是班集体成员共同制定的。而制定第一条制度，就是为了激励小组成员共同督促组员完成学习任务。事实证明，集体对小林的教育和督促，比老师更加全面、到位。为了使自己的小组胜出，小组成员集体向小林提出更严格的要求，并且在学习上更加主动地帮助小林，小林因为集体的严格要求和无私帮助而变得“自律”，很少出现作业拖拉现象。除小林之外，其他偶尔会“犯病”的学生，为了小组的荣誉也更严格地要求自己。学生集体作为一种教育因素，不仅起到了监督、规范的管理作用，还对人的内心思想产生了深刻的影响。无论是学生集体还是学生个人，都能从中有所收获。

第二招：创新学习形式，提升学习效果

兴趣是最好的老师。因此，教师要改变陈旧的教学形式，以新颖的教学举措吸引学生的眼球，并通过集体的力量影响每位学生，最终让每位学生保质保量地完成学习任务。在日常教学中，我只是创新了学习形式，丝毫未减轻学习任务，但是学生的学习主动性和积极性却直线攀升，学习效果显著提高。

（1）小组日记漂流，让思想随着文字舞动起来。语文教师一般都会在周末布置一篇习作，俗称“周记”。主题和内容偶尔指定，多为自主。这种一成不变的习作形式，常常令学生觉得索然无味。周一发生的事情，留到了周日，学生表达欲望荡然无存。“我手写我心”根本无从谈起，周记也成了孩子们眼中的“鸡肋”。于是我想运用小组的力量来激发学生的写作兴趣，提高习作质量。“日记漂流”就是我想到的一种习作新形式。我是这样实施的：

第一步，由每组成员选定校园一角作为背景，待地方确定，我就给他们拍一张集体合影，并且把这张合影粘贴在“漂流手册”的封面上。（这样做是为了增添小组成员的自豪感，激发主人翁精神，增强小组凝聚力。）

第二步，取消原有的周记，告诉学生可以由小组成员商讨，自主安排写日记的时间。每天由一名同学在“漂流手册”上记录自己的生活，然后传递给下一位同学。拿到手册的同学，先对前一位同学的习作进行品评——可以像老师那样运用批注评价，也可以写写读后感受。接着，写好自己的文章，传递给下一位同学。

第三步，一轮漂流结束，组长将成果交给老师鉴赏，邀请老师和小组成员共同欣赏、评议习作。（小组的日记漂流，教师并非不闻不问，而要给予指导。传统的习作讲评，多半是教师和全班学生之间的教学互动，指向大多数学生，很少能针对个人因“文”施教。现在，教师坐到学生中间，和学生小集体面对面地进行交流，不是个人，也不是全部。这既可以避免个别学生在教师面前的紧张拘束，也可以让集体对个人提出要求，大家互相探讨，共同进步。）

第四步，班级漂流，评选月漂流之星。班级漂流一月一次，要求各组交叉阅读其他组的日记。（伙伴间的阅读在时空上更加贴近，能增强班集体的心理亲近感。评选月漂流之星，则是给其他组树立学习的榜样。因为集体不仅能影响个人，也能影响集体。）

通过“日记漂流”这种形式，学生写作的时间更自主，内容更鲜活。小组成员间既有学习的传递、思想的分享，也有任务的督促。只有人人完成，小组才能完成漂流。学生自我约束、自我管理、相互监督，写作兴趣高昂，学生的思想也随着文字舞动起来。

（2）小组诗词展示，让经典随着诵读沉淀下来。诵读经典，可以滋润学生的心田，陶冶学生的情操，培养学生的智慧，为学生一生的发展打好精神底子。然而，由于语文学习任务重、时间紧，许多经典年代久远，离学生生活较远，诵读存在困难。学生是学习的主体，如果能激发学生的主体意识，让他们自主地、积极地、快乐地去诵读，那么许多问题就不复存在了。在教学实践中，我发现，给学生创设展示的平台，发挥小组集体合力，可以让经典诵读更轻松、更高效。

唐诗、宋词是我国文学史上的双璧，也是学生接触最早、积累最多的国学经典。四年级第一学期，我们试着从吟诵唐诗过渡到积累宋词。较唐诗而言，宋词篇幅更长，虽不难理解，却也增加了背诵难度。如果还是依照原来检查背诵的方法——组员到组长处过关，组长到课代表处过关，吟诵的任务势必加重。于是，我想出了课前小组诗歌朗诵展示的主意。首先，我利用每周一三五的晨读，带着学生集体吟诵。并告诉学生，前一天吟诵的内容，由小组自主申报在第二天展示。将诵读记忆的任务变成了活动交给学生，果真激发了学生参与的积极性。每个小组都精心准备，编排出形式丰富的诵读节目进行展示。为了给孩子们展示的机会，我舍得花时间，除了每节语文课前5～8分钟，一周一节的阅读课也是学生小组集中展示的时间。我还用手机拍下每组展示的视频，放到班级共享，请家长们下载欣赏，许多用心的家长更是精心保存起来。简单的动作，却使家长无形之中参与了孩子们的诵读活动。有了更多的关注，孩子们的诵读兴趣也更加高昂。每次学完一首宋词，孩子们都是举着小手抢着展示，我也从不吝惜时间，总是“有求必应”。学生打心眼里愿意诵读展示，教师何乐而不为呢？诵读变得轻松起来，再也不需要强迫和监督。

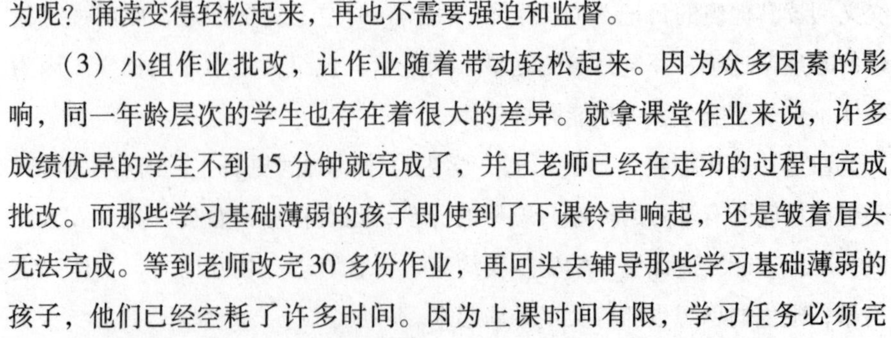

（3）小组作业批改，让作业随着带动轻松起来。因为众多因素的影响，同一年龄层次的学生也存在着很大的差异。就拿课堂作业来说，许多成绩优异的学生不到15分钟就完成了，并且老师已经在走动的过程中完成批改。而那些学习基础薄弱的孩子即使到了下课铃声响起，还是皱着眉头无法完成。等到老师改完30多份作业，再回头去辅导那些学习基础薄弱的孩子，他们已经空耗了许多时间。因为上课时间有限，学习任务必须完

成，这就迫使老师不得不利用学生的休息、玩耍时间对其进行辅导。这样一来，这些孩子被剥夺了许多玩的时间，他们被长时间囚禁在枯燥的作业中，学习对他们而言毫无乐趣可言。这样恶性循环，久而久之，学生便对学习失去了兴趣。作为老师，我也经常鼓励小组里成绩优秀的孩子帮助旁边的同伴，也曾试着给每个学习困难的孩子指定“小老师”，但大部分成绩优异的孩子显然不太愿意在别人身上花时间，他们更多的是喜欢自己阅读或完成各项作业。

阅读马卡连柯的教育理论，我深受启迪。只有发挥学生集体的主体作用，才能更好地教育个人。于是，除了每次单元练习之外，其他面批作业，我都要求小组集体到我这里过关。小组间还要开展竞赛，在保证正确率和书写整洁的情况下，前三名完成作业的小组就能获得一枚蝴蝶奖章。这样一来，小组成员间渐渐形成了“潜规则”：为了使小组获得蝴蝶奖章，成绩优异的同学轮流辅导作业速度慢的同学。而其他同学则有时间更仔细地检查作业，或者自主学习。这样一来，整个班级完成作业的速度差距明显缩小。在集体的帮助下，个别学习有困难的孩子写作业的速度明显加快，质量也有所提升。为了确保小组荣誉，这些孩子也更加认真地学习，写作业也渐渐轻松起来。整个班级的作业速度明显加快，老师从辅导个别学生、催交作业的精力消耗上解脱出来，这也给班集体进行阅读和诵读提供了时间上的保障。

（4）小组剧本表演，让生命随着经典流动起来。因为对阅读的重视和大力推进，我们班的孩子们都喜欢上了阅读。但是我也发现，孩子们对于书本的理解往往停留在表面，很少能体会文本的精髓和表达的妙处。于是，在孩子们大量阅读的基础上，我每学期都选定两本经典书籍作为精读内容。我希望通过这样的阅读给予学生方法上的启迪。这学期，《夏洛的网》和《蓝色的海豚岛》便是要求孩子们人人精读的书目。但事实上，孩子们的精读无非是学着读课文的样子，批批注注，思维都是零星的碎片。有些孩子甚至为了完成任务，随意地圈点勾画。孩子们真的理解了书籍的内容了吗？真的被书中的人物感染了吗？体会到书中作者语言运用的妙处了吗？答案多半是否定的。为什么我不能让四年级的孩子排练《夏洛的网》呢？孩子们如果能将剧本演好，那么语言的品读、人物的把握，这一切的一切都可以在无形中消化。于是，我选定了一个小组作为尝试。我未加指导，只是给他们一个星期的时间排练第一篇章。一个星期后，第一小组果然不负众望，他们的表演精彩绝伦，饰演的角色个性鲜明，语言更是揣摩得无比到位，连道具都准备得一件不差。其他小组成员看得津津有味，纷纷要求续演《夏洛的网》，于是，一个组认领了一个章节，下次阅读课便进行《夏洛的网》汇演。我答应他们，我们将保持这项传统，等积累了经验，将在学校大报告厅面对全校公演。

在传统批注式的精读中穿插剧本表演，不但可以使学生对书籍有深入的了解，更能给予孩子们许多阅读经典的启迪，使孩子们在兴趣盎然的阅读表演中放飞身心，展现自我。小组剧本表演，大大激发了学生的表演欲望，也使孩子们走进了艺术表演的殿堂。看到一个个小演员入情入境地表演，我们有理由相信，不久的将来，我们班将诞生一位位超级巨星。

（浙江省宁波市国家高新区实验学校　陈佳美）

3. 鱼与熊掌兼得

混合联队的制度使教养院的生活变得非常紧张而且充满乐趣，使大家能轮流做着一般工作和组织工作，使大家能受到指挥别人和被别人指挥的训练，使生活中充满了集体的和个人的活动。

——马卡连柯

［摘自《教育诗》（苏）马卡连柯著，人民文学出版社 1957 年版］

我国从清末民初开始实行班级授课制，一直持续到现在，将来还会持续很长一段时间。在这里，我们就不用多说班级授课制的意义与价值了，先谈一谈在教育实践中班级授课制存在的问题。

我们知道，按自然状态分班，一个班级中的学生的学习基础有好中差之别，学习能力亦有低中高之分。现在，在同一个班级里，同一位老师上课，怎样照顾到全班学生的全面发展与每个学生的个性发展呢？也就是说，在关注全班学生这一整体的同时，怎样兼顾每个学生的个性，特别是特优生或后进生的培养？我们在教学实践中往往会遭遇到特优生“吃不饱”，后进生“吃不了”的情况，怎么办呢？打一个不恰当的比方，如果把学生的全面发展比作鱼，把学生的个性培养比作熊掌，那么鱼与熊掌如何兼得呢？混合联队制度给了我们一些启发：改变传统的教学方法，运用新的组织教学的方法。

虽然我们一再强调因材施教，但由于受班级授课制的限制，我们通常的做法是照顾班级中大部分学生的全面发展，适当兼顾学生的个性，也就是我们上课主要是以中等生的全面发展作为我们教育教学的参考体系，在适当的时候点拨特优生与后进生。然而这样做往往很不够，于是我们利用课后时间，对特优生进行指点，对后进生进行辅导，这样虽然也能起一些作用，但往往是事倍功半，教师觉得累，学生也觉得效率不高。怎么办呢?

新课程倡导教师是学生学习的主导，学生是学习的主体，这些说起来容易，做起来难，特别是在课堂上。在传统的课堂上，教师为交流的一方，学生为交流的另一方，这是一种单一的交流方式，难以发挥学生的主体性。而在当下的课堂上，我们要形成一种新的师生交流方式，学生组成学习小组，学生是交流的一方，其他学生为交流的另一方，在小组内形成生生交流的方式，在小组外，全班内，又形成另一种生生交流的方式，然后全班学生与老师又形成师生交流的方式，从而形成师生、生生的多向交流方式，这样有助于学生学习主体性的发挥，有利于兼顾学生的全面发展与个性发展。学生组成的学习小组，根据班级学生人数，以四人或六人为宜，在自愿与协调的基础上，组内设学力好中差搭配，以自然位置前后桌或前中后桌来组合，组内设小组长一人，记录员一名，协调员一名，其余为组员，就像混合联队一样，组内各种角色每过一段时间调整互换，让所有的学生都能得到不同的锻炼，既可组织别人，又可以受别人组织。学生组成的学习小组不仅在课堂上活动，还要在课外活动。那学生小组如何活动呢?

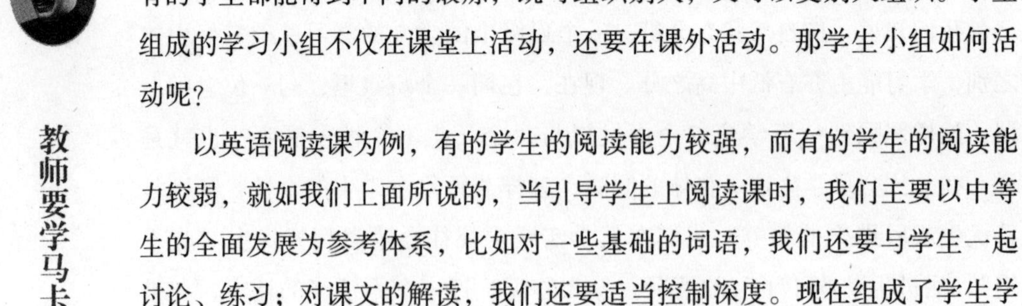

以英语阅读课为例，有的学生的阅读能力较强，而有的学生的阅读能力较弱，就如我们上面所说的，当引导学生上阅读课时，我们主要以中等生的全面发展为参考体系，比如对一些基础的词语，我们还要与学生一起讨论、练习；对课文的解读，我们还要适当控制深度。现在组成了学生学习小组，我们就是在课堂学习之前先运用了“兵教兵”的方法，刚开始的时候就设置一个大框框让学生小组预习，随着时间的推移，我们就让学生小组自己来组织预习了。学生小组在预习中，一些基础的词语就解决了，在讨论时，一些容易的问题就解决了，而且随着学生小组预习能力的提高及合作能力的增强，还会出现一些意外的惊喜。这样学生小组充分预习了

以后，我们就相当于给学力稍逊色一些的学生垫上了一定的高度，差的学生垫得多一些，中等的学生垫得少一些。由于各小组都有优秀的领头的学生，经过充分预习后，学生的学习高度就无限接近，而我们在课堂上，就以全体学生基本相当的高度为视角，考虑学生的全面发展。在课堂研讨的过程中，我们讨论各小组提出的问题，这些问题往往是小组难以解决的问题，或认为有探讨意义的问题，同时还研讨在讨论过程中生成的有价值的问题。这样，在课堂上就出现了师生、生生、生师多种交互式的交流方式，也就充分考虑了学生全面发展、兼顾学生个性，让每个学生的最近发展区都得到发展，在学生全面发展与个性展示的水乳交融中，达到鱼与熊掌兼得的目的。

不过，在学生小组活动的过程中，由于学习小组内学力好中差的搭配，我们要防止出现优秀学生的“一言堂”，不能让优秀学生一人说了算，而要引导全组学生充分讨论。同样，我们也要努力做到“智慧碰撞”而不是“智慧偷懒”，“智慧碰撞”就是每次预习时组内成员都要充分投入，发挥自己的智慧，而不是走过场，“智慧偷懒”就是每次预习时让其中的一个组员代劳，其他组员坐享其成。为了提高学生小组预习的效率，我们不仅引导学生掌握预习的方法，而且适时地调整学习小组的组合，或同质组合，或异质组合，或调换组员等，不断地给学习小组注入新的活力，发挥学习小组的巨大作用。

在教育教学实践中，只要我们科学地发挥学生学习小组的作用，调动每个学生自我发展的积极性，在课堂上给每个学生充分展示的机会，那我们在课堂上应该可以兼顾到学生的全面发展与个性发展，做到鱼与熊掌兼得。

（江苏省兴化市唐刘学校　薛茂红）

吾行篇

我确信：我们的教育目的并不仅仅是培养能够最有效地参加国家建设的那种具有创造性的公民，我们还一定要把我们所教育的人变成幸福的人。

——马卡连柯

[摘自《马卡连柯教育文集》，（苏）马卡连柯著，人民教育出版社2005年版]

学校与管理

1. 学校管理重在以师为本

决定一个学校办学方向的，不是校长，而是每一个教员。

——马卡连柯

[摘自《论共产主义教育》，(苏) 马卡连柯著，人民教育出版社 1954 年版]

学校的根本任务是培养人才，即教师在学校管理者的管理下开展教育和培养学生的活动。这一活动主要涉及三个方面：学校管理者、教师、学生，这是一个由“人—人—人”构成的管理系统。因此，学校管理归根到底是对人的管理，学校管理的特殊性决定了学校管理必须坚持以人为本的理念。

苏联教育家马卡连柯有一个精辟的论述：“决定一个学校办学方向的，不是校长，而是每一个教员。”这一论述阐明了教师在教育过程中的决定性作用。我国初步建立起来的素质教育理论体系中也有一个鲜明的、为广大教育工作者所普遍认同的观点：实施素质教育，关键在于培养一支数量足够、结构合理、相对稳定的教师队伍。一个好的教师能从学习最困难的学生身上发现最美好的希望，所以，教师是学校的第一资本。面对 21 世纪教育的挑战，我们唯有拥有最好的教师才能办出最好的学校。在学校管理的所有要素中，教师管理是第一要素，因此学校管理必须体现以师为本。我们的教育对象是富有感情的、发展中的儿童，这就决定了教师工作具有创造性的特点；同时，教师是学校组织中的成员，作为一个组织也必然需要有完善的制度。

笔者在学校教师队伍管理中努力实践“四个有机统一”，初步建立了以师为本的学校管理机制。

做法 1：激励与约束相统一

建立以师为本的学校管理机制，首先在于尊重教师，充分调动教师的积极性和创造性，形成团结和谐、鼓舞士气、朝着一个目标努力的氛围。其次，在朝着共同目标前进的过程中，要坚持原则，依法治校，防止和消除“离心力”“摩擦力”等能量内耗的现象。

人的管理首先是人心的管理。任何人在感情上都需要尊重、信任和理解，知识分子在这方面尤为突出。“校长把我当人看，我给校长当牛干；校长把我当牛看，我和校长对着干”，这就是教师渴望得到尊重的最直白的、最朴实的心理描述。教师受到尊重、信任和理解时，才会“士为知己者死”，才会自觉遵守规章制度，自觉接受约束。校长要从调动教师积极性和能动性着手，采取多种激励手段，如目标激励、荣誉激励、信任激励、情感激励等，多为教师提供实现志向和发挥才能的机会，多给教师一些“感情投资”。例如：我校每学期均要召开一次颁奖会，为在本学期因工作成绩突出而受到各级嘉奖的教师颁奖；每月举行一次教师生日晚会；每当有教师生病时，领导总是登门看望。这些活动的开展，不仅融洽了领导与教师的感情，而且激发了教师的工作热情。学校制定的制度，既要有激励性的，如“师德标兵评比条例”“教学质量奖励条例”“优秀班主任评选细则”等；又要有约束性的，如“教师岗位规范”“教学工作常规要求”“教师办公、学习制度”等。对约束性的制度，领导要率先从自身做起，高标准要求自己，并自觉接受教师的监督。学校管理者应建立和完善激励与约束相结合的规章制度。

做法2：合作与竞争相统一

联合国教科文组织把“学会合作”作为21世纪教育的四个支柱之一。作为教育者的教师应首先学会合作，校长管理的首要任务就是合理配置学校的人力资源，优化群体组合，创造和谐合作的人际关系。

要想创造和谐合作的人际关系，校长心中首先要有一台公正的天平，不能凭自己的主观印象和感情好恶，任人唯亲，任人唯顺，任人唯全。在分配工作时，要公平对待；在评价绩效时，要坚持标准，客观公正，对事不对人；在选优、评先、分房、晋级等教师关注的敏感问题上，要先制定条例或标准，经民主讨论后再付诸实施；还要学会灵活地化解矛盾。学校每学期总要搞一两次大型活动，在这些活动的策划和组织中，校长既要统揽全局、合理分工，又要协调方方面面、强化相互配合。这样既能保证活动圆满成功，又能营造合作的氛围。

竞争是现代社会的显著特征，没有竞争就没有进步与发展，学校要争创名校，教师要争做名师。学校管理必须培养教师的竞争意识，为教师的竞争打造平台。比如，我们学校制定的“骨干教师评选条例”等评优制度就是为了鼓励竞争。在鼓励竞争时，校长要坚持三个原则：一是在合作的基础上竞争，二是在平等的前提下竞争，三要保护“激进分子”以形成“鲶鱼效应”。总之，教师队伍的管理，必须要强化合作、鼓励竞争，形成在合作的基础上公平竞争的局面。

做法3：使用与培训相统一

一个学校的教师各有所长，也各有所短。要提高学校的管理效能，校长应根据现代管理学中“木桶理论”，对全体教师进行优化组合，用其所长，使每个人都有合适的位置、明确的职责和发挥才能的机会。哪怕是再“短”的人，根据“桶底组合”的需要也有他最恰当的位置，而且他能和最“长”的人发挥一样的作用。

教师队伍的培训是办好学校、提高教育教学质量的关键。要用好人，必须重视培养人，不断提高人的德、识、才、能。培训是为了更好地、更充分地发挥人的潜能。校长要树立学校职能新观念，把培训教师作为学校的重要职能之一，使之与培养学生相互促进。

学校的年轻教师和骨干教师是培训的重点对象。对年轻教师的培训可采取以下措施：以老带新“结对子”，举办系列、专题讲座，把课堂教学与理论研究结合起来，开展教学工作各环节的基本功训练和竞赛，组织各种形式的培训学习等。对骨干教师的培训可采取的方式有：承担研究课题，参与教改实验，组织系统的教育理论学习，总结和撰写教育教学研究论文，选送高等师范院校参加进修或培训学习等。

做法4：求同与存异相统一

一所学校，哪怕思想工作做得再好、再细，管理制度再完善，因为教师的思想多种多样，个性也各不相同，所以矛盾和不同意见、不同看法总是存在的。在对教师队伍的管理中，管理者应做到在大事上讲原则、讲求同，不怕得罪人；在小事上，容人之短，谅人之过，在方法上鼓励各显神通，允许存异。这也就是人们常说的：校长管理学校，要做到“大事清楚，小事糊涂”。校长管理学校要有民主意识和民主作风，凡制定管理制度、教改方案、评价体系等重大问题时，在充分做好教师思想工作的同时，必须走群众路线，广泛征求教师意见，争取教师的认同和支持。另外，作为学校管理者，平时要注意教师的工作特点、心理特点和个性特点，讲究管理艺术，使学校管理形成既有全局上的同又有局部上的异，既有整体的统一又有个性的张扬这样一个良好的局面。

教师发展了，学校也就发展了。

（山东省临沂市第五中学　王宝军）

2. 学校管理要尊重每一个人

我的基本原则永远是尽量多地要求一个人，也要尽可能地尊重一个人。

——马卡连柯

[摘自《论共产主义教育》，（苏）马卡连柯著，人民教育出版社1954年版]

当前农村小学中，教师文化水平、心理素质、年龄结构、为人风格与志向各有不同，因此，学校管理不能一刀切，要用思想教育、政策办法、规章制度等各种措施综合治理，齐抓共管。

在我看来，学校管理要以人为本。人是根本，任何一所学校要成为好学校，离不开全体教职工的努力，一位好的学校领导往往能调动每一位教职工的工作积极性，而要做到这一点，学校领导就必须关心、尊重每一位教职工。正如马卡连柯所说："我的基本原则永远是尽量多地要求一个人，也要尽可能地尊重一个人。"受他的教育管理思想启发，我认为，在当前的农村小学管理中，应该努力做到以下几点：

一是尊重每一位教职工的劳动。教师取得成功固然令人欣慰，但若失败了，也应该受到尊重，因为毕竟付出了努力。作为学校领导，要尽量少批评，甚至不批评，要与教师一起总结失败的教训，共同探讨、寻找更好的办法。在尊重中引导教师开展工作，自然能起到发展的良性效应。

二是尊重教职工的合理要求。对于教职工的合理要求，学校领导自然应该尽量予以解决。就算一时办不到，也应先肯定其合理性，然后进行解释说明。对于教职工过分的甚至不可能达到的要求，也需耐心教育，加以引导。

三是尊重人的感情。“人非草木，孰能无情”，要承认人都有喜怒哀乐之情，要允许人们以各种方式表达。只有人心情舒畅，上下才能密切沟通，相互之间的关系才易于融洽，工作才好开展。在农村小学，关心教师要做到两个方面：第一，关心教职工的生活，要从关心他们的衣食住行开始，注意询问和了解他们生活中的困难，尽一切可能帮助他们解决困难；假若实在条件有限，也应该对他们做好解释工作，以得到他们的理解和支持。第二，要做到关心教职工的工作，通过座谈会、教研会以及听课、谈心等形式，对教师工作中取得的成绩和进步及时表扬和肯定；对教师工作中存在的问题和欠缺可通过朋友式的谈话指出，尽可能让教师领会到学校领导的爱护、关心、帮助。

四是加强中层班子建设，充分调动每一位中层管理人员的工作积极性。在具体工作中，我们总是习惯于让中层工作人员做具体的工作，而没有让他们形成独立思考、独立解决问题的习惯。长此以往，部分中层管理人员将个人工作的重点放在了校长交给的具体工作上，放在了迎接各种检查上。在校长部署具体工作后或大型检查前，大家奋力拼搏，加班加点，但事后大部分中层管理人员无事可做，也不对个人所负责的工作进行认真思考与分析，更没有工作目标与行动。

所以，校长在管理过程中，要从三方面加强中层管理人员的工作积极性：第一，加强对中层管理人员的培训力度，通过定期开展学习，激发他们工作的激情，引领他们发现自己工作的意义，确立自己的角色。第二，要明确工作职责，引导中层管理人员在学期初制定出具体的工作目标，对工作目标进行分解，切忌大而空的目标或缺少具体任务的理论性目标。第三，要在具体工作中充分信任中层管理人员，培养他们独立思考、独立解决具体问题的能力，同时，要树立“唯工作论”的氛围，坚持统一标准，切忌厚此薄彼。第四，要加强程序化工作习惯的培养，减少工作的随意性。

（山东省博兴县兴福镇新立小学　李　辉）

3. 创设适应教师、适合学生的学校管理

如果你能用15种声调说“到这里来”时，你才是一个掌握了教育技巧的人。

——马卡连柯

[摘自《马卡连柯教育文集》，（苏）马卡连柯著，人民教育出版社2005年版]

在著名教育家马卡连柯的教育思想中，特别强调一个观点：提高教育技巧。两年来，在学校管理的岗位上，我经常会思考怎样才能使学校的管理适应教师，适合学生，同时让家长满意。以下是针对这些方面的体会。

做法1：搭设适应教师的平台，培养教师的专业技能

学校存在两种士气，一种是教师的，一种是学生的。研究表明，这两种士气相互影响，相互促进，并且教师的士气对学生的士气会起到示范、带动作用。所以学校的管理首先必须提升教师的士气，而关键在于加强对教师教学能力的培养和教育技巧的培训。

作为实践者的教师，应当具有自己特定的知识和思想，应当是积极、主动的教育研究者。这一点，在学校管理实践中主要可以从四个方面进行。第一是“课题研究”，引导教师积极参与市、区、校级的课题研究。以教学部为管理载体，定期或不定期地发布教育论文征集的信息及获奖信息。第二是“移植研究”，培养教师善于将他人的经验运用到自己的教育实践中，改进自己的教育行为。学校可以通过开展德育沙龙活动，开展教学分析活动来达到这个目的。第三是“教例研究”，教师把工作中、教学

中发现的问题及处理问题的过程写成案例，组织教师小组对案例进行研讨和分析。第四是“合作研究”，教师与专家进行合作研究，经常选派优秀教师参加市、区级的培训活动，通过专家的引领，提升教师的研究能力。

伟大的苏联教育家马卡连柯说：“如果你能用15种声调说‘到这里来’时，你才是一个掌握了教育技巧的人。”一般认为，教师的教育技巧是建立在教学能力上的，可分为沟通技巧、表达技巧、活动技巧等。学校应当为教师提供展示自己技巧的平台，比如，通过让教师全体有发言的机会培养教师的表达技巧，通过让教师自己组织“学术大讲堂”活动培养教师的活动技巧，通过让教师自己任“专家讲座”的主角提升教师的专业能力，等等。

例如，学校根据工作计划中“开展丰富多彩的学生活动，实现在初、高中六年内，全部学生利用课余时间，参加由专家、教师和学生主讲的100个具有专业水准的学术报告”的要求，同时受电视栏目《百家讲坛》《名家讲堂》的启发，经管理层讨论研究，决定开展“学术大讲堂”活动，讲授专家全部由本校教师担任。起初我们对这一活动还不是很有信心，一是担心教师的时间有限，由他们来组织大讲堂是否会加重工作负担，二是担心教师的讲解能不能吸引学生。但是经过一年来的运作，我们发现担心是多余的，教师们的积极性很高，活动组织很成功，讲授水准也很高，深受学生欢迎。“学术大讲堂”的内容包罗万象，《话说古都北京》《生命谁做主——大脑》《走进推理世界》《考前心理策略——催眠与心理暗示》《篮球——换个角度看比赛》《二十世纪最伟大的心理试验》《生活中的机器人》等出现在校园的讲台上，这些都是常规课堂没有的内容。

“专家讲座”则专门针对尖子生，针对学有余力的学生。以前学校的“专家讲座”多是由外聘教师和专家举办，但我们通过对本校教师业务能力的分析，加上校内教师对学生的具体情况有较多了解，此项工作任务由校内教师承担。虽然刚开始教师的信心不足，但在经过一段时间的实践之后，教师的实力得到了学科组的认可，专业能力和综合素养得到了展示。

做法 2：开展适合学生的参与型活动，促进学生主动和谐发展

冯恩洪教授说："创造适合学生的教育，事实上是要教育更好地为学生服务，进而使学生能适应时代的特点，迎接时代的挑战。"这就是说，只有让教育适合学生，才能让学生适合时代的需要，更好地实现教育的目的。学生的潜力各不一样，兴趣也不完全相同。学生的潜力不会自动得到发展，学生潜力的充分开发需要合适的教育来完成。

学校开展的每一项活动，都应该精心设计，既要符合学生的特点，又要尊重活动的时间性、参与性、活动性、激励性、程序性等要求。

关于时间性，一年中节日、纪念日较多，每到重要节日、纪念日，学校管理者应当选择适当的方式对学生进行引导教育，还要开拓思路、具有国际视野。2008 年的圣诞节，我们学校设计了圣诞树、圣诞门、圣诞卡、圣诞礼物、圣诞老人。节日当天学生走圣诞门，圣诞老人发圣诞礼物、圣诞卡，学生把祝福语挂在圣诞树上。连续几周，学生的兴奋和笑容表明这一活动深受学生欢迎。

关于参与性，学校的常规活动，需要学生全身心参与其中，才能达到最好的教育目的。比如学校的升旗仪式、礼仪站岗、艺术节、科技节、运动会、班级赛、开学典礼、毕业典礼等，学生的参与度应当作为组织的理念，参与度越高越好，最好超过 50%。从实践来看，学生的参与度越高，最终达到的效果越好。

关于活动性，要在活动中使学生受到教育，要在活动中传达教育的理想，形成学生内在的动力，这样活动中的教育效果才能达到最佳。比如，两年来，学校四次开学典礼各具特色：2008 年 9 月开学典礼，通过挂牌仪式庆祝；2009 年 2 月开学典礼，以全体教师与全体学生相互击掌祝贺的形式庆祝；2009 年 9 月开学典礼，以教师写寄语贺卡的形式庆祝……

关于激励性，要在组织学生活动中，使每项活动都有激励的设计，激发学生的积极性，宣扬学生的优点和特长，使学生在激励中产生成就感。通过颁奖、评选、展示、表扬来达到教育的目的，每项活动的激励面达到 30% 为最佳。不要吝啬表扬的词汇和话语，学生是在激励中成长的。

关于程序性，学校的活动要有规律性，不能随时设计活动，也不能随便取消活动。今年有这个活动，明年又没有这个活动，今天有这个评选，明天又没有了，这样师生的奋斗目标将会失去方向感，也将会失去参与活动的热情。学校的管理者应当有远见，最好的策略是形成制度化、规范化。

做法3：引导家长有效开展教育，实现家校的更好配合

当前学生大多是独生子女，家长的工作压力较大，在教育子女的问题上多数依赖于学校。家庭教育时间不多，往往还不得法。学校的教育显得尤为重要，一方面要管理、教育学生，一方面还得教育、引导家长。我们主要从以下几个方面入手。

第一步：进行家访。家访模式分为普访与重点访问，主要解决学校、学生、家长之间的情商与非智力方面的问题。现在通信手段多样，通过手机、网络等都能快速与家长取得联系，而且交通也较为发达，原有的家庭模式较为淡化。我们认为，与学生、家长面对面地在家里沟通是最好的交流手段之一。

第二步：建立家长学校。通过与区教委的“家庭教育中心”合作，开展家长学校，对家长进行教育培训。理性地审视独生子女家庭教育现状时，不难发现现代独生子女家庭教育面临许多困惑：孩子生活条件更好了，身体越来越胖，动手能力却越来越差，责任心不强；孩子的学习环境越来越好，知识更丰富，但心灵更脆弱，心理问题更突出……通过家长学校培训，家长们能了解在学生青春期阶段应当怎么与孩子沟通，应当重点关注孩子哪方面等。

第三步：建立家长委员会。家长委员会管理模式分为班级、年级、校级三层。家长委员会是学校与家长沟通的桥梁，学校通过委员会传达学校管理的措施与想法，家长及时反馈学校教育教学管理中的效果与不足。家长委员会定期、不定期地与学校进行沟通，及时解决学生的思想问题，化解学生之间的矛盾与困惑，消除家长与学校之间的误解。事实上，这项措施最终是学校与家长共赢。

第四步：家长参与学校事务工作。学校的管理离不开家长的支持，家长也应当承担起家长的责任。学校积极邀请家长参与学校的教育教学管理。邀请家长们参加学校大型活动，参与颁奖，参与发言，参与家长会，参与活动评选，参与教学课堂等。家长的参与，有利于激励学校管理质量的提升，激励学生的能动性。

所以，学校的不同发展阶段对学校管理有不同的客观要求，学校管理很难照搬现成的模式，没有最优秀的，只有最合适的。无论如何，管理不是让老师被动适应学校，学生“削足”适合教育，而是根据师生的发展现状和潜在需求，在管理者不断提高“教育技巧”的实践中，提供适应教师主动发展、适合学生健康成长的学校管理。

（北京市第十二中学　苏京伟）

4. 热爱学生，严格管理，严谨治学

我总是尽可能地相信一个人，也总是尽可能地严格要求一个人。

——马卡连柯

[摘自《马卡连柯教育文集》，（苏）马卡连柯著，人民教育出版社 2005 年版]

“热爱学生，严格管理，严谨治学”是我校的治学理念，这一治学理念，得益于对马卡连柯“我总是尽可能地相信一个人，也总是尽可能地严格要求一个人”的思想的践行。这一理念，是我们在新形势下打造我校更加靓丽的品牌的切入点，是优化学校管理的手段和方法，更是素质教育形势下学校立足和发展的根本。

作为教师，热爱每一个学生是最基本的职业要求，是最重要的职业道德，更是我们的天职。爱是相互的，只有老师对学生付出爱，学生才会亲其师、信其道，才会更加尊敬老师，更加努力学习，也更加有利于学校的管理，当然也就更加有利于学生的发展。

学生的需要就是对我们每一位教职员工无声的命令，不管是从事学校的何种工作，都要牢固树立热爱学生、服务学生的意识，一个不爱自己学生的教职工绝不可能是一个合格的教职工。教师热爱学生，首先要对学生有责任心，做到对学生生活上关心，思想上知心，学习上上心，心里始终装着学生，把学生当作自己的孩子来对待，做到敬业、乐业，精心施教，治学严谨，然后要有高超的教学水平和良好的教学质量，做学生敬佩的老师。如果所有老师都热爱每一个学生，所有的学生都尊敬每一位老师，达

到师生之间互敬、互爱的境界，那么我们的学校就一定会是一个和谐的、充满了欢乐和智慧的学校，一个具有无限发展潜力的学校，一个让所有学生向往的学校。

爱自己的孩子是人，爱别人的孩子是神，我们要用爱心感化学生，用真情打动学生，使学生更加勤奋好学、尊师爱校。把我们的学校办成学生舒心、家长放心、社会和人民群众满意的学校。

严是爱，松是害，对学生严格管理是我们对学生最深厚的爱。因此，我们对学生既要严格要求、严格管理，还要严而有格、严中有爱、严中有情、严中有疏、严中有导，做到严是形式，爱是根本。只有如此，才会“严师出高徒”。

“热爱学生，严格管理，严谨治学”，是我们治学的行动纲领，希望大家一定要认真领会、深刻把握其实质和内涵，真正做到：

第一，全面关心学生。希望我们的老师关心每一个学生，平等对待每一个学生，要把自己对教育事业的忠诚和热爱倾注到每一个学生身上，不以感情亲疏、个人好恶和学生品德的优劣为热爱学生的依据，使每个学生都能实现他自身条件下最优化的发展；要关心学生的各个方面，促进学生的全面发展。

第二，尊重和信任学生。老师尊重学生是学生接受教育的前提，信任学生是培养学生自信和使学生向好的方面发展的重要保证之一。要尊重学生的人格，相信每一个学生都是可教育的，经过教育他们都能成为最好的自己。

第三，严格要求学生。严格要求和尊重信任是相辅相成的。马卡连柯说过：“要尽可能地尊重一个人，也要尽量多地提出坚定、明确和公开的要求：确定该这样或那样管理自己。”从某种意义上讲，严格要求学生本身就是一种尊重和信任。

第四，理解和宽容学生。理解和宽容本身就是一种积极的教育方式。学生正在成长中，是一个思想未成熟的人，正因为如此，才需要教师的教育和引导。所以，我们教师在教育学生时，也应进行换位思考，理解学生在特定情境下的行为，给他反思和纠正不良行为的机会，不要一棍子打死，有时候宽容比说教更能打动学生的心，也能产生更好的教育效果。

第五，解放和放飞学生。给学生时间、空间和权利，让每一位学生都能够在教师的引导下，做自己的主人，创造性地学习，自发地学习，积极地生活。

让我们携起手来，共同做好“热爱学生，严格管理，严谨治学”这篇文章，进一步落实好我们提出的“静、专、思、主”和“会学、不放松学、主动学”的高效学习状态的要求，精心施教，为学生的全面发展，为学生的一生幸福，为铸造我校更加靓丽的品牌贡献我们的全部智慧和力量！

（山东省潍坊市第四中学　韩忠玉）

5. 营造育人环境　培养健全人格

一个人不是由各部分因素的拼凑培养起来的，而是由他所受过的一切影响的总和综合地造就成功的。

——马卡连柯

［摘自《马卡连柯教育文集》，（苏）马卡连柯著，人民教育出版社 2005 年版］

社会是一所大学校，既是一个大熔炉，也是一个大染缸，生活在一定社会环境中的人，无不被打上深深的环境烙印。从人生历程来看，有家庭及血缘关系产生的早期、长期、直接、细致、深刻与濡化的独特性影响，有学校教育的塑造性影响，有社会的诱导和习染性影响；从环境影响的性质来看，有引导和推动人们健康向上、积极进取的积极性因素，也有侵蚀人的灵魂，玷污人的思想，干扰正确世界观、人生观、价值观、道德观形成和影响良好行为习惯培养的消极性因素。正如马卡连柯所说："一个人不是由各部分因素的拼凑培养起来的，而是由他所受过的一切影响的总和综合地造就成功的。"因此环境的综合优化和德育合力的形成，对人的成长显得十分重要。

正是出于对环境创设在人才培养中，尤其是在形成学校特色过程中的不可替代的作用的认识，近几年我们把营造优良育人环境作为办学治校实践的基本理念，做了些尝试，收到了一定的效果。我们有以下几个做法和体会。

做法 1：营造校园精神文化环境

学校要有持久的生命力，必须优化育人环境，加强校园文化建设，培植精神，铸造校魂。世纪之交，我校新一届领导班子上任后，提出“全面育人打基础，发展个性扬特长，求是创新育英才，不断超越争一流”这一鲜明的办学理念和“创建一流的办学思想、一流的教育环境、一流的师资队伍、一流的管理水平、一流的办学质量的示范性中学”的目标。这是办学者教育思想的结晶，它凝聚着学校的个性风格、文化品位和人才培养特色，是全校师生共同追求的奋斗目标。在这一办学理念和奋斗目标的感召下，全校师生努力实践“诚正勤勉”的校训，全体教师精心塑造“学高身正、教书育人、教学相长、开拓创新”的教风，全体学生精心培育“尊师重道、乐学善思、身心两健、知行统一”的学风和“自信、励志，合作、竞争”的班级精神，从而在全校师生中逐渐树立起“厚德、博学、求是、创新”的良好校风。这些校训、校风、教风、学风、班级精神以及校徽、校歌、班徽、班歌等校园精神文化无不折射出学校追求的一种价值和精神，通过不断的实践和追求，学子一旦得其精神必受益终身，同时，学校的凝聚力、吸引力、向心力、感召力也将不断得到增强。

做法2：营造校园制度文化环境

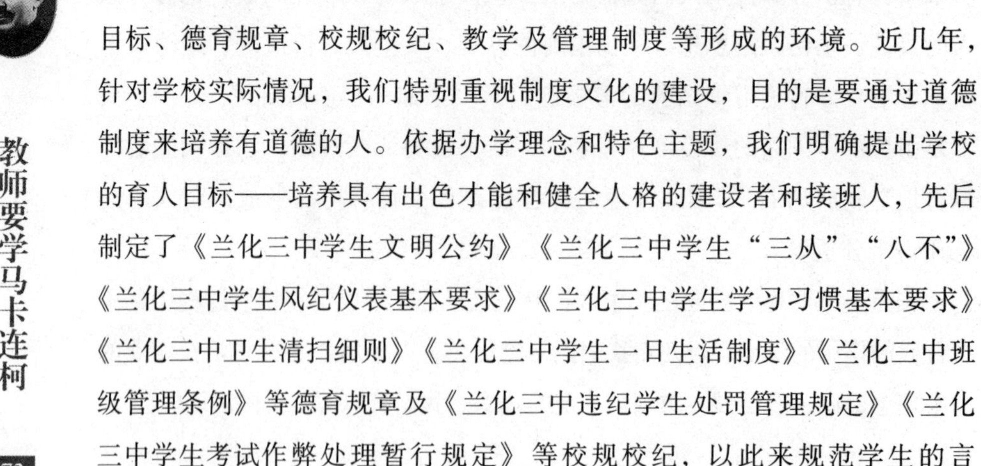

制度文化是依据学校办学理念和特色主题有意识地选择的，如育人目标、德育规章、校规校纪、教学及管理制度等形成的环境。近几年，针对学校实际情况，我们特别重视制度文化的建设，目的是要通过道德制度来培养有道德的人。依据办学理念和特色主题，我们明确提出学校的育人目标——培养具有出色才能和健全人格的建设者和接班人，先后制定了《兰化三中学生文明公约》《兰化三中学生“三从”“八不”》《兰化三中学生风纪仪表基本要求》《兰化三中学生学习习惯基本要求》《兰化三中卫生清扫细则》《兰化三中学生一日生活制度》《兰化三中班级管理条例》等德育规章及《兰化三中违纪学生处罚管理规定》《兰化三中学生考试作弊处理暂行规定》等校规校纪，以此来规范学生的言行，并通过其强制作用，逐步使之转化为具有持续的、恒久的、无所不在的影响力的精神文化。

做法3：营造校园物质文化环境

校园物质文化环境是学校特色的外在体现，面对新世纪的教育，面对企业学校被推向社会、学校占地面积狭小等情况，三中人深知，要不断提升办学水平和办学特色，把学校做强做大，把学校最终办成“科研超强，素质精良、特色突出、质量一流、不断创新”的陇上名校，就要逐步改善办学条件。因此，近四年来，为创建市级示范校和市级文明单位，我们本着美化、净化、绿化、教育化的原则，把整洁、优美、高雅、规范、安全作为校园硬件和物质文化环境建设的主旋律，争取各级教育部门和社会支持，筹措资金先后建成了省内首个全塑胶操场，新建了两个微机教室和两个多媒体语音教室，一个学术报告厅和一个课件制作室，构建了校园宽带局域网，改造和新建了理化生、劳技实验室和生物标本室，文史哲、音乐、美术专用教室以及教工、学生阅览室，新配制了全校性听力系统，并购置了各种实验仪器和文体器材及教学软件，全面改造了图书馆，使得办学条件初具现代化水平。校训、学风、班级精神、校徽、名人头像、名人名言、警示牌、规章制度均悬挂或喷涂于校园、走廊、教室、办公室等醒目位置，将无形之精神文化与有形之物质环境有机结合，发挥其潜移默化的育人功能，使人一走进校园就能感受到其独具特色的魅力。

做法4：营造校园安全文化环境

校园安全文化环境是学校教育教学活动有序开展的基本保证。安全教育和安全教育宣传，强化师生安全意识是学校一项长期的工作，必须警钟长鸣，常抓不懈。针对学校的实际情况，本着“高高兴兴上学，平平安安回家”“一切为了学生，一切想着学生”的原则，我们制定了《兰化三中安全工作有关规定》和安全防范疏散预案，对教育教学工作、外出活动、食堂加餐、遇到紧急情况等安全问题都作了相应的规定，并围绕每年的全国中小学生安全教育日主题，利用集会、例会、班会、广播站、黑板报等场合及形式，做到“人人讲安全、事事讲安全、时时讲安全、人人都安全”。针对学生人数众多、活动场地严重不足的情况，集会、上操做到分批、分点按顺序带回。我们还细致地制定了不同时间段、重点部位、重点环节的预防措施，以强化安全防范工作。同时，严肃查处可能引发安全事故的违反校规、校纪的行为，以教育更多的学生，努力营造“关爱安全、关爱生命”的校园安全文化环境。

做法5：营造校园自育文化环境

校园自育文化环境创设是真正落实学生在整个学校教育活动中的主体地位的内在体现，是学校传统教育管理方式方法上的一次变革。我们始终遵循“授人以渔”的规律，因此，学校十分注重对青年学生自主学习法和自我教育习惯的培养，本着“教育、管理、沟通、服务”的宗旨，我们将原本属于学校管理层面的部分权力下放给学生组织，实行学生自我管理“三级五制”模式，让学生在学习、生活、纪律、卫生、仪表、活动等几乎所有校园生活中实现“集体自治”，如升旗仪式、校园广播站、军训、社会实践、公益劳动、青少年志愿行动、值周班安排、学生权益保障、学情调查、“希望工程”捐助、文学社及社刊创办、校内外文体活动都由学生会牵头实施开展。围绕政治、地理、生物、化学、数学等学科课程开展的环境教育研究性学习社会调查活动已形成系列（初中：丹霞地貌考察、回收废旧电池；高中：针对沙尘暴天气开展空气质量调查，收集、整理水体污染及其防治、生物科学技术发展近况及其对人类社会的影响的信息）。“无为而治”，是我们希望达到的办学的最高境界。

育人环境是一所学校的魅力和个性体现，是学生自主展示个性、发展特长的广阔舞台，是培养学生健全人格的沃土，是“造就学生成功”的重要因素。要让校园真正成为师生的精神家园，需要我们在今后教育教学工作中不断探索和实践。面对新世纪的教育，如何建立现代师生关系等课题都需要我们去研究和思考，因为师生关系的紧张会伤害学生的自尊，影响学生自由个性和健全人格的养成与发展。

（中油集团兰州石油化工公司第三中学　谢东升）

6. 创新机制、激活管理，打造优秀的班主任团队

教育者的技巧，并不是一门什么需要天才的艺术，但它是一门需要学习才能掌握的专业。

——马卡连柯

[摘自《马卡连柯教育文集》，（苏）马卡连柯著，人民教育出版社 2005 年版]

班主任队伍是学校育人的骨干力量，是实施素质教育的主要力量，造就一支师德高尚、业务精湛的班主任队伍是学校提高育人质量的关键。正如马卡连柯所说："教育者的技巧，并不是一门什么需要天才的艺术，但它是一门需要学习才能掌握的专业。"我校在培养班主任能力方面进行了有效尝试。

做法 1：建立选聘机制，确保班主任队伍的质量

班主任工作是学校教育中极其重要的育人工作，既是一门科学，也是一门艺术。班主任岗位是具有较高业务素质和人格要求的重要专业岗位。学校需选拔思想素质好、业务水平高、乐于和善于做学生工作、身心健康的教师担任班主任，以确保班主任队伍的整体质量。从 2006 年起，我校建立了班主任岗位聘任制，实行"职能部门聘班主任，班主任聘科任教师"的聘任方法。聘任以自荐与群众推荐为基础，职能部门结合教师素质、能力与表现等情况进行聘任，聘期为一年。聘任坚持公平、公开、择优的原则，注重品德，红专兼顾。

做法2：坚持“青蓝”培养机制，培育班主任的后备军

学校每年选拔一批责任心强，具有奉献精神和较强工作能力的青年教师，跟随优秀老班主任，与其结成“师徒对”，明确师徒的职责与要求，签订指导与学习协议。青年老师在见习期间，参加指导老师的班级的常规管理，并和班主任一起接受培训和教育。指导老师每学期都对青年见习班主任的工作学习情况进行评估；学校学生处（政教处）于期中、期末两次检查“青蓝工作”，评估和检查结果，载入教师个人业务档案，并作为选用班主任的重要依据。同时，学校每年举行“青蓝工程”成果交流会，给工作完成好、成绩突出的指导老师与见习班主任颁发优秀证书，并进行物质奖励。学校对见习班主任进行师德修养、业务水平、组织能力、参与管理等方面的综合考评，从中挑选出年轻、优秀、有特色的担任正式班主任，大胆地给他们指路子、压担子、搭台子，重点培养。对正式班主任仍然实行资格聘任制，不称职的可以解聘。

做法3：实施培训机制，提高班主任队伍的素质

学校注重实施班主任培训工程，将班主任培训纳入教师全员培训计划，学生处（政教处）制订班主任培训计划，有组织地开展岗前和岗位培训，每单周为班主任例会，以会代训，坚持不懈。定期组织班主任外出学习考察活动，提高班主任的政治素质、业务素质、心理素质以及工作和研究能力。

做法4：强化管理机制，发挥班主任的职能

学校健全德育管理机制，以校长、分管校长、学生处主任（政教主任）、年级组长、班主任为主要的德育骨干力量，团委协助学生处主任分管学生会、学生团员的教育管理工作，职责明确，层次分明。同时，学校建立了以班级目标管理、过程管理、量化管理的考评制度，课程处、后勤服务处、团委、学生会配合进行考核等，并完善管理制度，如《武汉市第

二十三初级中学班主任工作岗位职责》《班主任绩效月考核办法》《班主任聘任方案》《班主任聘任科任老师办法》《星级班级月考核细则》《星级班级评比方案》《优秀班主任、先进班集体评比办法》《班主任的提高培训计划》等，从制度上规范教师的各项工作，调动班主任工作的积极性。

做法5：落实保障机制，激发班主任的工作热情

建立健全班主任工作保障激励机制，让班主任成为最让人尊重和羡慕的岗位，从而吸引更多的骨干教师担任班主任：（1）切实提高班主任待遇。学校绩效中充分向班主任倾斜，保障班主任津贴高于学科老师工作量一半的津贴；班主任的电话费、超工作量津贴、开展活动奖励等均得到最大限度的保障。（2）尽可能地让广大班主任参与到学校政治生活中去，教代会代表选举、中层干部聘任优先考虑有班主任经历的教师，在评优、评先、晋升、职称评定和年度考核等时，最大限度地向班主任倾斜。（3）班主任的减压计划。班主任是教师岗位中责任最大的岗位，因而压力也是最大的，为帮助班主任减轻过重的心理压力，学校要定期聘请心理专家来校作心理辅导或报告，帮助教师舒缓心理压力，培养健康的心理状态；同时，创造条件安排班主任外出休养考察。根据学校财力，每年暑假分批组织五年以上的班主任外出休养，愉悦身心，开阔视野。（4）制订班主任学习培训计划，将班主任的学习提升作为最好、最长久的福利，不断提高班主任的自豪感、荣誉感。

做法6：启动科研机制，提升班主任工作品味

教育工作是一项极其复杂的培养人的社会实践活动，有其特殊的客观规律。班主任要想用教育规律进行科学育人，就要努力学习教育学、心理学、教育心理学、教育史、社会学、人才学、教学法等基本理论，用以指导教育实践。（1）鼓励教师阅读。学校为班主任老师每年新增部分教育理论与实践书籍，订阅《班主任》《德育报》等多种专业报刊，要求教师借阅并写读书笔记。（2）开展德育课题研究。在新的历史时期，班主任工作

遇到了许多新问题、新矛盾，这些新问题、新矛盾的解决，需要班主任进行专题科学研究，因此学校科研处定期征集班主任工作中的困惑或问题，梳理成小课题，组织引导班主任开展研究，撰写研究案例或论文。学校每年召开德育研讨会，评选优秀论文，并在大会上交流。同时推荐教师优秀论文参加上级部门组织的评比或发表。（3）激励教师参加市区德育研究会，开展更高层次的德育课题研究。

（湖北省武汉市第二十三初级中学　吴晓红）

7. 农村寄宿制小学学生的养成教育

> 如果没有合理的，得到彻底实行的制度，没有行为范围的合法界限，任何高明的语言都弥补不了这种缺陷，制度越严格，越明确，它就越能形成内部的动力定型，这是形成技巧与习惯的基础。
>
> ——马卡连柯
>
> [摘自《马卡连柯教育文集》，（苏）马卡连柯著，人民教育出版社 2005 年版]

在著名教育家马卡连柯的教育理念中，十分注重对制度的规范。他曾说："如果没有合理的，得到彻底实行的制度，没有行为范围的合法界限，任何高明的语言都弥补不了这种缺陷，制度越严格，越明确，它就越能形成内部的动力定型，这是形成技巧与习惯的基础。"此观念对今天素质教育中的养成教育培养具有指导意义。

养成教育在大力倡导素质教育的今天十分重要，尤其是对农村寄宿制小学学生的养成教育十分必要，因为农村学校存在在校生班额过小、教育资源利用率低、教学质量不高、教师队伍不稳、优秀教师外流、教学质量呈下降的态势等问题。为此，我校对寄宿学生的养成教育采取了一系列措施，上下形成合力，常抓不懈。根据学校实际情况，在遵循马卡连柯教育理念的基础上，我们制定了《田心乡中心小学学生日常行为规范》，并通过《田心乡中心小学学生日常行为规范竞赛记分表》进行每日行为规范记录，紧紧围绕"一日常规"展开训练，并着重从学生生活自理能力、良好卫生习惯的养成方面进行了探索和实践。

做法1：学生生活自理能力的培养

“生活能力”是指人赖以生存的最基本的能力，包括生存能力、劳动能力、交往能力和自我保护能力等。小学生生活能力的养成及其教育的内容应以“温”“饱”自理能力的某些指标作为下限，而以学习独立生活和在“特定”条件下能够独立生活作为上限，以使他们将来走向社会时，具备必要的心理准备、生活知识准备以及生产劳动和综合能力的准备。

（1）寄宿制本身就是对学生生活自理能力的训练。学生在家里大都过着“衣来伸手，饭来张口”的生活，现在到学校后一切都得自己料理，刷牙、洗脸、叠被、系鞋带、清理房间、洗餐具、洗澡、洗衣服，妥善保管自己的东西，合理安排好自己一周的零花钱，还要适应学校的饮食。在长达五六年的寄宿生活中所养成的生活自理能力为其未来走向生产劳动打下坚实的基础。

寄宿制学校中师生几百人在一起学习生活，犹如一个小社区，拓宽了小学生的群体交往。学生通过班级组织、寝室小集体及兴趣小组等多层次、多形式的交往，学会做事，学会共同生活，学会关爱他人，加速了社会化的进程。

（2）实行目标管理。在养成教育的过程中，分别给学生制定出一系列的养成规范，是使认识转化为实践的有效保证。我们围绕养成教育的系列内容，结合我校的实际，拟订了《寄宿学生日常行为规范》《寄宿学校文明示范班级评比标准》《文明住校生标准》《文明寝室评比制度》《小学生礼仪常规》基本包括了小学生生活学习的各个方面，使学生个人、班级集体、寝室集体都有章可循、有据可依，而每一种制度规范、要求都具体细致，如宿舍卫生方面，我们要求毛巾、牙刷依照统一样式摆放，地面干净，要保证花纹清晰，无污水。正是由于规范具体明确，才既便于执行，又便于检查。

（3）开展各种活动，强化训练学生的自理能力。一是开展“爱我寝室，美化寝室”评比活动。我们放手让学生自由地去美化自己的寝室，我们不注重美化的结果如何，重在通过活动增强学生热爱集体的观念，感受分享劳动成果的快乐。二是开辟种植园地。将仅有的学校基地划片包班，每班一块0.25亩的“责任田”。结合生活与劳动课中“炒青菜”、常识课中的“土壤”“种青菜”等知识，让学生在“责任田”中实践，播种→出苗→施肥→浇水→除虫、除草→收获→洗菜→切菜→炒菜都由学生自己完成，如果有疑问就请教老师。“责任田”虽小，但对学生的教育影响却是深远的。

（4）让学生参与管理。寄宿生刚入校，有些学生把一周的零花钱带来，结果不是丢了，就是乱花光了，或者被偷了。针对这一情况，各班成立了“小银行”，选择两位能干的学生当管理员，不仅要管理好“存取”业务，还要督促学生有计划、合理地用钱。另外，还在每个寝室中选拔舍长，在全校学生中抽出“精兵强将”组建监督岗，让学生参与管理，从锻炼学生的自理能力上升为锻炼其生活能力、工作能力。

做法2：良好卫生习惯的培养

卫生习惯，不但体现了小学生的文明程度，还影响着学生的整体素质。特别是我校地处山区，学生的卫生意识不高，卫生习惯不好，对他们进行这方面的教育和培养就显得更为重要。搞好校园卫生是我校一贯的优良传统，自从实施寄宿制以来，学校更加重视对小学生良好卫生习惯的培养。

（1）加大卫生设施、资金投入。要使学生养成良好的卫生习惯，首先应创造一个良好的卫生环境。为此，学校在教室的走廊放置了掷纸篓，让学生养成不乱丢果皮纸屑的良好卫生习惯；在学校方便的地方装了拖把架、扫把柜，给学生创造整洁的环境，培养学生爱整洁的习惯。

（2）通过宣传，提高认识。一是利用集会、红领巾广播站播音时间，结合最近发生的由不卫生而致病的活生生的例子，使学生提高警惕，认识到讲卫生的重要性。二是由校卫生室进行预防流感、保护牙齿、防治冻疮、预防中暑以及预防红眼病、预防沙眼等方面的卫生教育。

（3）寓卫生习惯的养成教育于活动之中。一是开展以卫生知识、文明举止、保护环境等为主题的班队活动，使学生在生动活泼的氛围中愉快地接受教育。要求各班每月至少开展一次以良好卫生行为习惯为主题的班队活动，如“爱我学校，美化校园”“讲究卫生，从我做起”，把个人卫生习惯的养成同美化整个校园环境联系起来，并且通过班队活动引领学生自觉地实践。二是开展文明寝室、文明示范班级评比活动。通过评比活动，有力地调动寝室、班级、学生个人的主观能动性，使学生由认识到讲卫生的重要性到付诸行动。三是建立校监督岗和班监督岗。学校成立校监督岗和班监督岗，负责全校卫生监督工作和班级卫生包干区的监督工作，并且进行记录讲评，与文明班级评比挂钩，以点带面，以面促点，督促全校学生养成良好的卫生习惯，充分发挥校园环境管理中学生的主体作用和校园环境的潜移默化的作用。四是开展个人卫生检查。由学校负责卫生工作的教师和各班卫生委员组成检查组，对各班学生逐个进行检查，将结果记入《日常行为规范竞赛记分表》并作为每学年一次的文明示范班级评比的依据。进行个人卫生检查，有利于监督、指导、查漏补缺，最终使全体学生习惯成自然，养成良好的卫生习惯。

总之，养成教育需要不断地优化育人环境，今后要加大力度搞好学校校园建设，为寄宿制学生提供广阔的活动空间和强有力的后勤保障，健全“一切为了学生成长”的校园安全文明制度，开展以“关爱留守儿童”为主题的学生德育工作。只有使学生的认识和实践齐头并进，才能达到养成教育的目的，从而使对学生的养成教育取得立竿见影的效果。

（云南省楚雄州武定县田心乡中心小学　李　辉）

教书与育人

1. 让学生在集体的力量下成长

有很高威信和值得敬爱的学校集体的舆论所起的监督作用，能锻炼学生的性格，培养学生的意志，能使学生养成使个人的行为有利于社会的习惯，能培养学生为自己的学校、为自己是这个光荣集体的成员而自豪的精神。

——马卡连柯

［摘自《马卡连柯教育文集》，（苏）马卡连柯著，人民教育出版社 2005 年版］

读《马卡连柯教育文集》，我一直感受到这位教育家在他的实践中掌握着一把特殊的钥匙——集体的力量。在他的教育实践中，他一直试图建设一个良好的集体，然后通过集体去教育每一个人。而他也正是集体中的一员，当集体主权建立后，他同样受制约。当某一个成员见弃于集体时，他出于同情或是老师的权威也是阻止不了的。当他在《苏维埃学校里的教育问题》里谈到学校集体的这种教育力量时，我再次看到了这把钥匙的光芒。

马卡连柯多次谈到“教育技术”这个词汇，意思是说，教师是可以通过学习而掌握某种教育技巧的。而利用“集体的力量”来教育学生正是一种值得学习的“教育技术”。

关于马卡连柯集体教育的方式

马卡连柯从自己亲身的教育实践中体会到，靠“单打独斗”的个别教育方式无法达到良好的教育效果，因此他一直不倾向于找学生进行个别谈话。他说：“谈话的效果是最小的。因此，当我看到没有必要谈话时，我就什么话也不说了。”但他特别会利用学生集体的力量来教育一个人。你看，他找某一个学生到自己的面前来谈话，同时叫来另一个学生在旁边听，并盯着那个被谈话的同学。他觉得自己谈什么并不重要，重要的是告诉那个被谈话的同学，同学们有话对他说，于是那个被叫来旁听的学生就代表同学们把老师事先告知他的话讲给被谈话的同学听。马卡连柯觉得来自学生集体中的力量比教师的单独训导要有效得多。事实确实如此，来自学生集体的声音要比一个人的声音强大得多。而且，学生有一种被“自己人”劝诫的感受，于是就可能消除原有的心理拒斥，从而找到再次融入集体的方式——不想被集体抛弃，就得努力改过。

马卡连柯看到了这种集体对个人形成的教育力，对于犯过失的个人，他不直接予以批评，而是通知他的组长或是分队长，于是在这个组或分队里就有了集体对这个人的教育，而同时这种教育过程又教育了整个集体。他说：“在教育单独的个人的时候，我们应当想到整个集体的教育……每当我们给个人一种影响的时候，这影响必定同时应当是给集体的一种影响。”

关键是不让每个人感受到自己是被教育的对象，尽最大的努力把个人“保留在集体之内”。于是集体的共同要求既保护了每一个集体成员，又教育了每一个集体成员。让学生参与集体表决是一种很好的方式。马卡连柯说：“一个小孩哪怕只是一次表决过赞成开除偷窃的同学，他自己就很难再做出偷窃的行为。”这让我想到同样是苏联伟大的教育家苏霍姆林斯基讲到的一个故事：孩子们在远足旅行的归途中，向一位老奶奶讨水喝。老奶奶很热情，拿出苹果和烤土豆款待孩子们。孩子们吃完食物，走了半公

里多路的时候，突然想起，在他们离开的地方，有一些烤土豆皮扔在地上没有收拾。于是，孩子们通过辩论，决定回去收拾，可是有一个孩子却没有动，他说："我要坐在这儿歇一会儿……"但是，当他感受到来自伙伴们的愤怒和指责时，他想坐一会儿的念头便没有了。

每个人总是不希望自己被排斥在集体之外的，来自集体的这种教育力量总会让做得不够好的学生"经受到非常强烈的道德上的震动"。

我的教育实践

（1）在班集体里成立"违纪审查小法庭"。"违纪审查小法庭"成员由同学们公开推举，一般由原则性强、有较强纪律观念的同学担任。"小法庭"代表班级的总体要求。一周结束的时候，我将本周违纪的同学集中起来，由"小法庭""公开"审查，其中有事实陈述，有违纪公布，有道理辩论，有全班表决，最后形成"法庭判决"。这样的形式改变了单一的苦口婆心的教育方式，节约了老师的精力与时间，既教育了个人，又强化了集体。一些让老师头疼而又棘手的问题在学生的自我教育中得到了解决。

（2）在小组内进行小结和评比。我把班级分成多个小组，由小组长全权负责。每一天由小组长对本小组成员的表现作好登记。"登记"正是马卡连柯所提到的一种教育方法。一周末，小组长作好本小组的小结，并在下周开始的时候在小组内作报告，报告各成员的表现以及对小组发展提出各种要求，然后组织小组成员以公开表决的方式评选出"一周之星"，上报给班委会，在班级进行公布。这种常态化的小组集体教育让学生感受不到自己是被教育者，达到"润物细无声"的效果。

（3）对行为习惯落后的学生开展个人与小组"双向选择"活动。班上总有几个行为习惯较差，各小组都不愿意"收留"的学生。我把他们召集起来，先让他们自己选择愿意加入哪个小组，然后让每个小组必须在他们中选择一个。有时学生愿意加入某个小组，这个小组却不要。这便是一种教育——让学生反思为什么这个小组不要他。最后，小组都在"无奈"的情况下选择了一个自己比较"看好"的成员，自然对这个成员的教育就成了这个小组的责任。这种做法往往能产生“此时无声胜有声”的效果。

马卡连柯运用集体力量来教育学生的方法还有很多。因为他知道，学生在集体中发展是社会的需要，同时也是一条极其有效的教育规律。诚如他所言：“只有当一个人长时间地参加了有合理组织的、有纪律的、坚忍不拔的和有自豪感的那种集体生活的时候，性格才能培养起来。”

（湖北省松滋市王家桥镇王家桥中学　向家春）

2. 多则惑，少则明

——儿童教育中的“减法”艺术

从一种玩具玩到另一种玩具，对哪一种都没有多大的兴趣，玩起来都不热心；他们不是损坏了就是摔破了玩具，然后再要新的。……在游戏过程中，不需要包罗万象，使儿童因玩具过多弄得眼花缭乱，茫无所措。

——马卡连柯

[摘自《马卡连柯教育文集》，（苏）马卡连柯，人民教育出版社 2005 年版]

我们常常可以看到这样的现象：

场景一：军军家里的地上、床上到处是玩具，他拆卸着他的玩具，东窜西跳，让一个玩具说话，让另一个玩具走路，再让另一个玩具变形，“咔哒”“呼呼”“哗啦哗啦”地玩着。

场景二：四年级的灵灵，家里成套成套的书堆得像个城堡。可是灵灵一点儿也体会不到爸爸妈妈的良苦用心，竟然连碰也不碰那些书，更谈不上主动阅读。爸爸妈妈硬逼她拿一本书看，可是她看了半天还是那一页，一问，原来她早就魂游四方了。爸爸妈妈耐心地问灵灵：“家中那么多的书，你为什么不看?”灵灵回答：“书不好玩，我一天到晚在学校中读书，已经烦死了，你们怎么非要我看书?”听了灵灵的话，爸爸妈妈失望极了。

记得我很小的时候，家里并没有什么玩具，但我和弟弟可以把一个小木盒玩出很多花样：装上轮子就是一节火车的车厢了；如果加上一个“屋顶”，在旁边贴上几个纸绘的窗户，又变成一个“童话城堡”了。再如读书，小时候一本连环画，一段看上几遍甚至几十遍，依旧津津有味，不愿舍弃……现在的孩子条件好了，为什么不会玩，不喜欢读书了呢？

记得马卡连柯也曾说过："在某些家庭里，由于父母不注意这一问题，因此就培养出个人主义者。如果儿童到了少年时代，还不知道家庭财产是从什么地方来的；如果儿童只习惯于满足自己的需要，不注意家庭其他成员的需要；……如果儿童成长为贪得无厌的消费者：这就是个人主义者，这种教育最后就会对整个社会、对自己本身带来很多害处。"多么一针见血！

一天，我看到电视中的一个广告，使我豁然开朗。广告词是这样的：当今世界纷繁复杂，多则惑，少则明，男装，简约不简单。"多则惑，少则明"，说得多好。其实，对孩子的教育不也是如此吗？为了孩子健康成长，让我们在教育中学会做"减法"吧。

玩具，一段时间只玩一两个。让孩子一下子接触过多的玩具，可能产生的问题是：如果所有的东西都触手可及，孩子就会四处搜罗，一一玩遍，但每件都会浅尝辄止。藏起大部分玩具让孩子长久地专注于另外一两个玩具，这种想法听起来似乎有点故弄玄虚。但事实上这已指向儿童教育的核心问题。许多家长已经意识到，只有让孩子专注于一种玩具至少一周以上，他们才可能显示出精细复杂的思维能力，加上父母的鼓励，他们才能实现由玩具引发的自己的"奇思妙想"。而且，当一些藏匿的玩具过一段时间后重新出现时，孩子们会觉得这些玩具像新玩具一样魅力无限，又会十分热情地投入其中了。

图书，一段时间只看一本。对于坐拥书城却不爱书的学生，老师们不妨建议家长把大部分的图书都收起来，在一段时间里只留一本（班级图书馆也是一个道理）。老师和家长均可以从讲故事开始，和孩子一起来读这本书，然后就由扶到放，让孩子自己去读了；如果孩子开始不喜欢这本书，你就问："这个故事没有意思吗？那么，你来编故事，看看怎样把这个故事编得更好听，好吗？"通过这样的谈话，目的是暗示学生："你想有自己的想法，就得静下心来，好好地思考一下，而不是稍微看一下就能做到的。"一段时间后，再换另外一本，逐渐地，你会发现，孩子慢慢地喜欢读书了。

铅笔，每天只给两三支。常常看到一些学生的文具盒里，放着满满一盒子的铅笔，从“节约型家庭”“节约型社会”的角度来说，这是资源浪费，从培养孩子的节俭品质来说这也是不妥的。文具盒里的铅笔多了，他们就不懂得珍惜，有时这支没用完就用那支，最后好多支还有小半截就被扔掉了。两支足矣，如果一支丢了或铅芯断了，另一支便可以派上用场。

练习本，每学科只要一本。同样，学生书包里的练习本也不少，有的甚至有好多本。本子多了，习惯不好的孩子就会在这本上面写几个字，那本上面做两道数学题，第三本上写几个字母，而且书包里乱七八糟。这样逮到哪本用哪本的行为，久而久之，十分不利于孩子形成良好的学习习惯和生活习惯。

电视，每天少于一小时。我们尤其应当少量给予的一件东西就是电视。几乎所有的4～14岁的孩子都会迷上电视，据有关统计，现在孩子平均每天看电视的时间都在3小时以上，如果父母非常忙，这个数据还会增大。在童年时光中，孩子看电视就会花去数千小时，而且被淹没在诸如身着内衣的青春男女和多达数万条广告这段时间中，他们学会的只能是：如果我有更多的钱，我就会追求到更多的物质利益（食品、电子玩具、游戏机、好看的衣服、房子、汽车……）。如果孩子总是花更多的时间去看别人做事，而不是花时间自己去做，他将会变得越来越愚蠢。关上电视吧，让我们的家庭在散步、一起讲故事、拼字游戏、一起做晚餐中度过。

社交应酬，每周最多一次。现在的青年父母，总有太多的“计划”——今天去会朋友“谈生意”，明天又有“约会”去郊游。对于孩子来说，这种充斥着各种“计划”的活动究竟是幸福，还是悲哀，不得而知。而且，有时孩子本身也有“计划”，比如去参加班上某个同学的“生日聚会”、校园的集体排练等。这些“计划”“活动”总在一点一滴地“蚕食”着属于孩子自己的时间。而在我看来，这并不是好事，孩子为了参加一个活动，会把大量的时间耗费在来回坐车、等候上（当然适度的活动也是必要的），但孩子更需要属于他们自己的“自由的视野和广阔的空间”，否则他就可能一直在“奔波”中，而没有时间停下来欣赏生活的细节，欣赏自己的画报，“研究”自己的游戏玩法，“创造”自己的手枪……这难道不是十分重大的损失吗？所以，老师要和家长多沟通，在这个方面给予他们积极的建议。

如今，随着生活水平的不断提升，老师、家长的教育观念悄悄地发生着变化，但一些原则性的“教育细节”还是要十分注意的。让我们再来听听马卡连柯的警告吧：“这些父母总是只关心让孩子什么都有，只知道使孩子吃好的、穿好的、供给各种玩具，并保证常常使孩子得到满足。他们是以非常亲切和疼爱的态度来处理所有这些事情的，把自己许多方面的需要，甚至最迫切的需要都放弃了，而孩子关于这些却一点也不知道，逐渐习惯于认为自己比任何人都好，认为自己的父母就是法律……”你看，这是多么危险的教育啊！

总之，当我们的孩子能够把绒线变成爱心球，把小花袜变成木偶的头饰，能围绕着一只不起眼的小石头却能闭眼想象出它来自某个高山和大海，当他们用家庭废弃的物品创造出宫殿、铁路或农场时，我们就知道我们的教育已经达到“更少便是更多”的教育境界了。

（江苏省苏州市工业园区星港学校　杨海燕）

3. 尊重每一个学生才能被尊重

威信是自己创造来的，要利用生活中的任何机会来树立权威。

——马卡连柯

[摘自《论共产主义教育》，（苏）马卡连柯著，人民教育出版社 1954 年版]

苏联教育家马卡连柯所接手的班级的学生，一般素质不高，基本介于劳教所与一般学校学生的素质之间。马卡连柯教育这样的学生，创立了严格要求与尊重信任学生相结合的伟大思想，表现出对学生非同一般的爱心。这自然给我们做好学生的思想工作，尤其是教育学困生带来更多的启发。对一般教师而言，尊重优等生相对容易，但对待中等生，尤其是学困生相对困难。笔者在工作中较多地关注学困生，并在践行马卡连柯教育理念中总结出了几点做法。

做法 1：尽可能不在公开场合批评学生

案例 1：

师：每位同学都应该认真做好作业。但近来，班级有很多学生的作业很不认真，态度极不端正。请同学们马上相互检查，查出自己认为最差的作业。

（学生马上行动，都是检查学困生的作业，无人检查优等生的作业。）

生：我们小组同学都认为，班中马帅、刘红的作业最差。

师：马帅、刘红，请你们把作业本拿着，马上到讲台桌前来，让大家看看你们的作业……

（两位学生到讲台前，教师面对全班学生对其进行严厉批评。）

案例2：

（课堂上，教师含蓄批评有的学生作业很不认真时，有学生举手发言。）

生：报告老师，我们小组的李婷作业又做得十分马虎……

师：哦。李婷这学期都能按时做作业是个了不起的进步，但现在是否再迈大步前进还是个问题，请李婷课后带上作业本来找我。

（课后，教师看了李婷的作业，见其问题很多，严厉批评她。教师还与其他两位学困生交谈，指出他们存在的不足，鼓励他们不断进步。）

以上是我强调作业重要，解决同样问题的两个不同的教学案例。

走近马卡连柯之前，我为了让学生尽快改变某个现状，常在班级中抓出反面典型，当众批评处理，一方面“杀鸡儆猴”，警告其他学生，另一方面教育问题学生。其中充当“鸡”角色的，几乎都是学困生。

走近马卡连柯之后，我不再采用类似的“杀鸡儆猴”的教法，要求自己尽可能不在公开场合批评学生，尤其是学困生。要自己重视学生的人格，不把学生当作“鸡”“猴”，经常提醒自己一定要多尊重学生，关注学生的自尊心。

案例2具有一定的代表性。在教学实践中，虽然我不想在公开场合批评学生，但常见不少优等生将问题学生推到众人面前，让教师面临“尴尬”。遇此情况，我一般会站在问题学生的一边为其开脱，甚至还表扬他们；之后我会与问题学生单独交流，指出其不足，进行批评教育。如此，问题学生都能感受到教师对自己的尊重、爱心。私下里，有时对其批评虽然严厉，但难见逆反情绪，师生关系越来越和谐。

做法2：尽量为每个学生树立跳起来能实现的目标

案例1：

面对全班学生，教师非常严肃地公布了每位学生考试的成绩。接着大力表扬优等生平时如何严格要求自己、刻苦学习；批评学困生对自己要求不严，坏习惯太多，学习很不刻苦。

案例2：

经全班同学同意，教师公布了考试成绩。公布后，每位同学首先自评，主要与自己前次考试成绩相比，看自己进步大小，在此基础上再互评出先进分子，然后教师代表全班学生给先进分子戴红花——被戴红花的不全是优等生，不同层次的学生都有。

以往，我像很多教师一样，特别爱优等生，对学困生的爱则少之又少。自己也知道爱是最好的教育等道理，为何还会如此？从马卡连柯的教学案例中不难看出，他教育学生不失针对性，虽然对学生要求严格，但并非苛刻到让学生即使努力也难满足。他在更多地认识学生、了解学生心理的基础上开展工作，也可以说他非常注重因材施教。反思自己的教育教学，我认识到自己像很多人一样，主要关注的是教材，是试卷上最容易出现的知识点，而严重忽视研究学生。不研究学生的个性特点，就会犯用同一把尺子去衡量学生的错误。这样，教师只会见优等生之长，难见学困生之长。这是我们偏爱优等生、埋怨学困生的主要根源之一。

走近马卡连柯之后，我更多地关注每位学生的家庭背景、基础知识、接受能力等，用不同的标准衡量每位学生，或者不同层次的学生，为每位学生树立跳起来能够实现的目标，逐步改掉以前给学困生“超大量”要求的坏习惯。如此实行起来，自己更多地看到了学困生、中等生的长处，并能给予他们更多爱心、耐心。不同层次学生的学习积极性都得到了调动，同时自己也认识到往日工作存在的盲目性。

做法3：关问题学生“禁闭”，变被动教育为主动

案例1：

一个学生不光经常到处乱扔废纸，还多次往墙面上甩墨水，乱写乱画。教师多次教育他，收效甚微。要写毛笔字时，尽管教师怕他弄脏墙面，特意叮嘱他，但上课时，墙面还是被他用毛笔画上了几笔。教师见

状，又像往日一样，找他进行长时间的苦口婆心的说教。

案例 2：

一个学生不止一次打同学，教师多次对他进行过批评教育。他保证过以后不再随便打人，但又因为一点小事向同学动手，教师便让他到办公室把自己的想法说清楚。来到办公室，教师什么话也不说，只顾备课，他也不说话。铃声响了，教师便让他去上课，待下课再来。这一天的几个课间他几乎都来了，但都这样僵持着。第二天，他几次开口，但教师听后轻轻摇头，表示这样的话他以前说过，看不出诚意，不感兴趣。第三天，这位学生主动向被打同学认错，并让其来帮助说情。他的家长也打来电话，说孩子在家惦记着如何面对教师……家长也对他进行了多次开导，他态度很好……见此，教师便不让他课间来办公室“谈心”了。

马卡连柯认为：“威信是要自己来创造的，要利用生活中的任何机会来树立权威。”当我们对一个人提出要求的时候已意味着对这个人的尊重，而在我们的尊重里，同时也表示着对这个人的要求。是的，对学生而言，尊重与要求相辅相成、难解难分。

从《教育诗》中可见，马卡连柯的教育教学具有开创性。比如：他为了让问题学生达到要求，不墨守成规；他处罚学生，不总是和风细雨，常采用针锋相对、出人意料的手法。

我们对待屡教不改甚至故意违规的学生该如何进行教育呢？

现在，我对待问题学生，除了采用类似案例 1 的苦口婆心、心平气和的谈心说教，及其他厉声厉色的批评指责等常见手法外，还会选择另一途径：让问题学生课间或放学之前到办公室与我见面。见面时，我的话语很少，常常做批改作业等事情，让他就错误发表看法。他说不出口、说不好，就在我面前用心想或动笔写。一个课间不行就两个，一天不行就两天，甚至一周不行就两周，直到见其诚意十足，有痛改前非的决心为止。这一招，名义上是在与学生交流谈心，其实质近似关问题学生的禁闭，是不让问题学生自由活动，限制他的自由，是让他的心总是悬着，促其反思，寻找解决问题的方法。

问题学生往往对自己所犯错误如何严重，教师要批评什么心知肚明。对这样的学生大费口舌，教师总是显得非常被动，而长时间的谈心说教，教师更加主动。因此，适当关问题学生特殊形式的禁闭，如此惜言如金，自有一定的道理。实践证明，收效良好。

（江苏省连云港市大庆路小学　王怀中）

4. 求生墙上的感动

教师集体和儿童集体并不是两个集体，而是一个集体，而且是一个教育集体。同时，我认为我们不应该教育个别的人，而要教育整个集体，这是正确的教育的唯一途径。

——马卡连柯

[摘自《马卡连柯教育文集》，(苏) 马卡连柯著，人民教育出版社 2005 年版]

“这里云淡风轻，让我呼吸到大自然的气息；这里清静幽雅，让我听到天然的奏响乐。动脑思考、动手操作，使我明白生活需要知识和技能，更需要战胜困难的勇气和力量；拓展训练、团队合作，使我们在不可能中寻求可能，让我体验到了成功源于自己的努力，更源于团队的拼搏……”看了学生的这段日记，让引领前行的我感慨万千，实践基地一幅幅动人的画卷又展现在我眼前。

记忆定格在 2014 年 4 月 14 日，我们初二的学生在荣成素质教育基地参加了一周全封闭的社会实践活动。在这里，第一次离开父母、离开家的孩子们带着好奇与憧憬，身心很快就投入到了丰富多彩的训练中：电烙画、贝雕、紧急救护、面点制作、益智天地、多米诺骨牌、丝网花、模拟驾驶、魔力相片、中国结、服饰文化……孩子们在不断地体验着惊喜、体验着成功，让我感触最深的是拓展训练中“求生墙”下我们班全体师生的安全逃生。

所谓“求生墙”，就是一面高 3.8 米的直角木墙，教练要求学生们在很短的时间内，在没有任何工具的前提下全部爬上去。说实话，我当时吓

了一跳，摸着光滑的木墙，我觉得除了飞上去，别无他法。

短暂的悸动之后，教练微笑着说出逃生的办法，首先要有两个同学借助一层人梯的力量纵身一跃，两手勾住墙顶，再依靠手臂的拉力自己爬上去，这样他们就可以和下面做人梯的同学一迎一和把同学们都拉上去。安排谁先上去好呢？这着实让我犯难。在初二七个教学班中，我们班的孩子个头最小，力气也最小，每次拔河比赛我们都是倒数第一名。

“我先上去。”我们班的乔晨宇同学率先表态。同学们为他的勇气而鼓掌。我的心惊了一下，这可是一个聪明帅气却很腼腆的小男生呀。“还有我。”柴文思同学也积极地表态。我的心又颤动了一下，因为她学习很差，平日里让老师们很头痛，此刻的踊跃一点也不像原来的她。的确，这样的表现刷新了她在我心目中的印象。就在我为他们捏一把汗的时候，他们以优美的姿势爬上了求生墙，我不禁也和同学们一起为他俩鼓掌。接下来就容易多了，但在女同学们被一个个连顶带拉地都“救”了上去之后，下面做人梯的毕永霖等同学显得力不从心了，手、脸，甚至脖子都红了，看了真让人心疼，做惯了家中宝的孩子们哪受过这种罪，这让同样做妈妈的我心里充满了不舍，那一刻，我的眼睛湿润了。

“让老师上来。”也不知是谁喊了一声，接着所有同学都在喊“老师上来呀”，教练也示意我上去，可看着同学们通红的脸、通红的双手，想着自己的体重，我真不忍心，何况男同学们还没上去呢。可是，这样的真诚，我就是有一千种理由也无法将拒绝说出口。就这样，我搭了两层人梯，才被上面的同学奋力拉了上去。然后，同学们又把数学老师拉了上去，还有帅气又含蓄的历史老师……此刻的同学们兴奋极了，“我们把老师们都‘救’上来了!”一时之间，欢呼声一片。看着他们矮小的个头，单薄的身子，发红发紫的双手和脸，我的眼泪喷涌而出，只想把他们都搂在怀里……

此时人心振奋了，力气似乎也增大了，我们在规定的时间内把剩下的男生都拉了上来。微机老师为我们拍了一张合影，这可是我从教十几年以来最珍贵的一张合影，是凝聚着努力、欢笑、感动与成功的一张合影，照片上每个孩子脸上的笑容都是那么灿烂，那么可爱。我相信那时我脸上的笑容肯定也充满了幸福与满足，而这些是孩子们给我的。

从“求生墙”上下来的我，一直被感动着，我想起了我最喜欢的一本书——《心灵鸡汤》中的故事：一群大雁互帮互助，借助团队的力量，齐心协力解决了许多困难，最终成功地飞到了南方。卷首布莱克的那句话——“没有一只鸟会升得太高，如果它只用自己的翅膀飞升”，让我受益匪浅。其实，何止鸟儿是这样，此刻的我们不更是如此吗？乔晨宇和柴文思同学就是“领队的鸟儿”，其他同学就是“V”字队形剩下的成员。我们都是凭借着彼此的冲劲、助力而前行。“雁行千里排成行，团结协作齐飞翔；一根筷子易折断，十双筷子抱成团；一个巴掌拍不响，众人鼓掌声震天。”一个人的力量是渺小的，团队的力量是强大的，一个人只有把自己和团队融合在一起的时候，才会拥有最强大的力量。我们“求生墙”下的逃生不就是团队精神很好的见证吗？苏联教育家马卡连柯说过：“教师集体和儿童集体并不是两个集体，而是一个集体，而且是一个教育集体。同时，我认为我们不应该教育个别的人，而要教育整个集体，这是正确的教育的唯一途径。”孩子们在“逃生”过程中所表现出来的英勇无畏、无私奉献的精神，作为他们领头雁的我有责任也有信心让这种精神继续延伸到他们今后的学习、生活中。

“雁行千里排成行，团结协作齐飞翔”，这是回来后同学们挂在嘴边的一句话。我也因势利导把这 14 个字作为我们的班级格言，希望同学们时时提醒自己：我们是一个集体，集体中每一个人都是我们的一个分子，我们要团结友爱、积极上进、勤奋学习。我们师生的关系也由此发生了微妙的变化，超越了师生之情。那些平日里困扰我的许许多多的“无可奈何”也好像消失不见了，多了理解与默契，我们师生的关系更加和谐，孩子们用最真诚的方式展现着自己；少了淘气与抵触，我们师生的关系更亲密，他们信任我、喜欢我，心甘情愿把一个思想上的“透明体”交给我。而我，除了受宠若惊，除了怦然心动，只剩下了无怨无悔地付出……我真的愿意融入学生的心灵，成为他们的合作伙伴，这种心灵相通值得我为之付出我的青春。

（山东省荣成市第二十三中学　王丽新）

5. 用马卡连柯的教育原则管理班级

凡是需要惩罚的地方，老师就没有权利不惩罚。在必须惩罚的情况下，惩罚不仅是一种权利，而且是一种义务。

——马卡连柯

［摘自《马卡连柯教育文集》，（苏）马卡连柯著，人民教育出版社 2005 年版］

马卡连柯指出：“合理的惩罚制度不仅是合法的，而且是必要的。合理的惩罚制度有助于形成学生的坚强性格，能培养学生的责任感，能锻炼学生的意志和人的尊严感，能培养学生抵抗引诱和战胜引诱的能力。”“凡是需要惩罚的地方，老师就没有权利不惩罚。在必须惩罚的情况下，惩罚不仅是一种权利，而且是一种义务。”可见，根据中小学生心理发展的特点和学生个体的社会化发展，在教育中实施惩罚是十分必要的。

但是，一提到惩罚，很容易让人联想到体罚。然而，两者的本质迥然不同。体罚是用简单粗暴的方式对学生的肉体和心灵造成伤害的侵权行为，是法律明文禁止的。而惩罚教育是融入人情味的教育，包含宽容和谅解，使学生终身受益。“人非圣贤，孰能无过”，对正在成长的学生来说，犯错误是不可避免的，而惩罚教育正起着“修剪成材”之功能，小错得不到必要的惩戒，将来就不可避免地要犯大错，这样的例子也是屡见不鲜的。有的学校学生违规违纪得不到惩罚，致使学生违纪违法的现象日益增多，校园伤害事件也时有发生，这已经是不争的事实。科学有效的惩罚是一种真正对学生负责，全面体现教书育人功能的教育手段。所以说，惩罚教育作为一种挫折教育，可以让学生产生适度的紧张不安感，明辨是非善恶，承担应有的责任，树立正确的人生观、价值观，在日后步入社会面对挫折时更加坚强。那么，如何运用惩罚原则呢？

一、公正公平

“法”是面向全体公民的，校纪是面向全校学生的，班规是面向全班学生的，任何人都要无条件地按校纪、班规行事，任何人违反了规定都要受罚，这就是公平。班级的学生千差万别，古语有云：“王子犯法，与庶民同罪。”班干部是班主任的得力助手，对班级建设可谓功不可没，但不能因此就在班干部犯了错误之后偏袒姑息，或“睁一只眼闭一只眼”，要知道功是功，过是过，不应因为某位同学对班级的贡献大就忽略了他的过错，当然，也不应因为某位同学大错小错不断而抹杀了他为集体带来的荣誉。对后进生不应有偏见和歧视，不要把那些综合表现差的学生视为“眼中钉”“肉中刺”，恨不得痛罚若干次而后快，不要以点带面，否定其优长；也不要时时处处“关注”这些“特别生”，而是要就事论事，秉公处置，这样学生才能甘心接受惩罚，惩罚才能收到应有的教育效果。对那些学习成绩比较好的同学“以一好代百好”，是班主任的主观臆断，或是自欺欺人，谁都知道人无完人。对成绩优异者的错误视而不见，容易造成学生错误的价值取向，也容易造成班级不正常的竞争氛围，更容易使班级同学的关系出现僵硬、冰冷的局面，不利于教育教学。

二、形式不拘一格

我们在保证不削弱效果的前提下和确保疏通了学生抗拒心理的条件下，创设愉快的惩罚氛围，设置多样的惩罚方式，让学生更积极主动地接受惩罚。如发挥其特长，让其为班级同学带去一点欢乐——讲个笑话，唱一首歌，吹奏乐器，说段评书，表演小品等；让其为班级做一件有意义的事——代替班干部为同学服务一周，为班级擦黑板一周，早来晚走为同学开门、锁门一周，为同学打水一周等；让其做一点学科练习以促进他的学习——背英语单词，背英语课文，背唐诗宋词，赏析精美文章，讲解一首诗歌，做一道理科习题等。这样，学生犯了错误之后，教师不需要大动干戈，学生就会自愿（自愿的前提是教师提供惩罚的方式）选择受罚的方式，心悦诚服地接受惩罚，并逐渐做到积极内省。

三、惩罚注意时效性

及时的惩罚能使学生的不安、内疚等体验更深，能使他们更清楚地看到错误造成的后果。延迟的惩罚处理会因事过境迁而使学生忘记、淡化错误行为，惩罚意义也不大。教师对学生的一些错误行为不能听之任之，等到学生的错误行为造成危害后，再去“揭伤疤”“算总帐”，这样易使学生产生情绪上的反感和对立，不利于学生从思想上认识错误和改正错误。

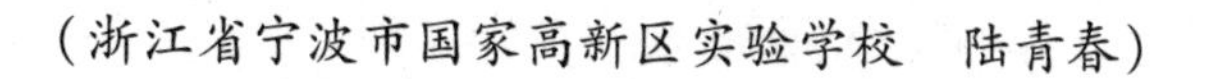
（浙江省宁波市国家高新区实验学校　陆青春）

6. 莫把“金子”当“瓦片”

严格的要求是最大的尊重。

——马卡连柯

[摘自《马卡连柯教育文集》，(苏) 马卡连柯著，人民教育出版社2005年版]

教育是一门艺术，教育是心灵的耕耘，教育必须讲究教育艺术。班主任作为学生成长发展的引路人，作为班集体的组织者和管理者，如何挖掘学生自身的潜力，选拔和培养好班干部，做好他们的正确引导和教育工作，是至为关键的。在实践工作中，笔者感受最深的便是苏联教育家马卡连柯的一句名言：“严格的要求是最大的尊重。”的确，只有既严格要求学生，又给予他们最大的尊重，才能把班主任工作做好。

记得有一次，班里举行颁奖仪式，教室里洋溢着热烈的气氛。得奖的同学一个接一个上台领奖，唯独被评为“先进班干部”的班长刘成迟迟不上台来领奖。

“刘成！刘成！”我连喊他两次，他还是坐在那里动也不动，而且满脸涨得通红。这个同学一向表现不错，作为班长，他是我工作中得力的助手。今天这是怎么回事呢？

我捧起奖品向他走去，他用责怪的、恼怒的眼光瞪着我，突然一头扑在课桌上，掩面抽泣起来。见此情景，同学们有的小声议论，有的摇头叹息，有的朝他投去谴责的目光。我心里老大不高兴：太过分了，要什么脾气呢？

我转身回到讲台，真想立刻狠狠批评他一顿，正待开口，一件难忘的

事情闪现在眼前——

一个走读的同学上学迟到了，我为严肃纪律，不问青红皂白将她狠狠训斥了一顿，惹得她伤心地大哭了一场。事后才知道，那天她妈妈生病起不了床（爸爸已外出打工），她早上起床后将家里的猪食煮好并将弟弟送到幼儿园，然后才匆匆赶到学校。我十分后悔，后悔自己当时用粗暴的语言伤害了一颗勤劳孝顺的心。

“冷静点，谨防又把金子当成瓦片。”想到这个教训，我的心渐渐平静下来，继续按照班会安排的内容往下进行。

放学后，我留下刘成，与他坐下谈心。他直率地说：“评先进时我就说过，我不够先进条件，怎么能上台领奖呢?”我说：“你这种谦虚的态度很好，但是太过分就不值得了。”他急忙诚恳地说：“我不是谦虚，我平时有顾虑，怕得罪同学，工作上不敢大胆负责。我虽是班长，但自己觉得在有些方面还不如学习委员张红做得好，应该把这个先进的荣誉给她。”

他这种既能看到别人的长处，又能大胆正视自己短处的精神多么可贵。我暗暗捏了一把冷汗：唉，差点又把一颗金子般的心打碎了。是立刻说服他收下奖品，还是把奖品发给张红？我感到这两种方法都不妥当。一个班主任的责任心促使我这样启发他：“一个人能够拿自己的短处去比别人的长处，这本身就是一种好思想。当然，你在学习和工作上还存在一些不足，有些方面也不如张红突出，从这一点来说，奖品也可以转发给张红。问题是，同学们信任你，已经把你评选出来，你该持什么态度呢?”

他低头沉思了一阵，抬起头，语气坚定地说：“不辜负同学们的期望，使自己真正先进起来!”

我并没有就此了结问题，为了教育全班同学，推动班级开展一个比、学、赶、帮、超的竞赛活动，第二天我再次召开班会，举行了“补充发奖仪式”。首先，我让刘成把自己不愿意领奖的心里话全说出来，请同学们发表自己的看法。刘成的话一说完，教室里立刻响起了热烈的掌声。经全班同学一致讨论通过，我郑重地宣布：重新给刘成发奖。刘成激动地上台领奖，并向同学们谈了自己的决心和今后的打算。

这个“补充发奖会”的召开，对班里学生震动很大。从此，班干部们更加团结，互帮互勉，同学们之间也展开了比、学、赶、帮、超竞赛，班集体的精神面貌有了明显改观，我们班因此被评为学校的先进班集体。

孩子们都有一颗金子般纯真的心。他们的美好心灵，有时表露于外，我们一眼就能看清楚；有时却隐藏于内，被表象掩盖，并给人造成错觉。班主任的工作实际是做人的工作，涉及的是人的细致微妙的内心世界，是在学生的心灵世界中耕耘、播种。班主任面临的是一群有思想、有感情、有个性、有各种兴趣爱好的学生，他们不会简单地顺从接受。作为班主任，在孩子们的“过失”面前，一定要冷静，认真地弄清楚问题的实质。切不可鲁莽，错把“金子”当“瓦片”，伤害了孩子美好的心灵。

（四川省泸州市纳溪区上马中学　丁维玉）

7. 马卡连柯教我爱学生

爱是一种伟大的感情，它总在创造奇迹，创造新的人。爱也是教育的基础，没有爱就没有教育。

——马卡连柯

［摘自《马卡连柯教育文集》，（苏）马卡连柯著，人民教育出版社 2005 年版］

教育家马卡连柯说："爱是一种伟大的感情，它总在创造奇迹，创造新的人。爱也是教育的基础，没有爱就没有教育。"一语道破了爱与教育不可分割的关系。的确，作为一位老师，我们有责任向孩子们奉献更多的爱，向学生播洒爱的雨露。不管在什么情况下，我们都应该把学生放在平等的位置上去关心、爱护他们。

我觉得要把一个班级管好，使它形成良好的班风、学风，有强大的凝聚力，班主任不仅要处理好一些常规工作，而且还要多去亲近学生，多了解他们，进而理解他们，使他们乐于亲近你、信任你，把你当成他们的朋友，愿意与你交流他们的思想以及生活、学习中的心得体会。为此我们班主任可以从以下几个方面入手。

做法 1：宽容对待学生

苏联伟大的教育家捷尔任斯基说："谁爱孩子，孩子也爱他，只有爱孩子的人，才可以教育好孩子。"马卡连柯说："爱是教育的基础，没有爱就没有教育。"也有人说："教育之没有感情，没有爱，如同池塘没有水一样。没有水，就不成其为池塘，没有爱就没有教育。"可见教师对学生的爱何等重要。这也就是说，没有师爱的教育是不存在的。在德、智、体、美等各项教育中，师爱是基础，是先决条件。因此，在教育过程中，无私地奉献这种师爱，既是教育成功的关键，又是衡量一位教师素质的重要标准。

记得有一次，正是放学的时候，同学们都忙着整理书包，走出教室。坐在最后一排的是班里较淘气的张宇同学，他把书包背上，想快步抢先冲出教室，一张课桌被他一带，“咣”的一声倒在地上，教室里顿时安静下来，大家的目光都怯怯地投到我的身上，等待我的批评、呵斥。而我并没有责怪他，而是快步上前，一边把桌子扶起来，一边询问张宇同学是否被砸着了。张宇一看，赶紧帮着我把桌子扶起来，出乎他的意料，我没有批评他，还那么关心他。他低下头，脸红了，其他同学也随着松了一口气。以后上课的时候，我发现他的表现好了很多，以前他总是爱在课堂上讲废话，现在安静了很多，有时还能集中精力听课。看到此情景，我在平时的教育教学中有意识地多关爱他，他渐渐变得懂事多了。这就是我对学生的宽容，对学生的爱。试想如果我当时训斥他，批评他做事鲁莽，损坏公共财物，就有可能导致他与老师情绪的对立，把本来不大的一件事情搞大。我很庆幸自己当时没有那样做，想不到一件小事也可以让学生发生这么大的改变。

做法 2：严格要求学生

爱学生就要对学生严格要求，严格管理。严是爱，宽是害。有些优等生认为自己学习优秀，而在纪律上不严格要求自己。老师也认为这些学生学习不错，于是姑息、放任他们，对他们的一些“毛病”也从不过问，认为情有可原。但久而久之，他们变得高傲自大、目无师长、无视学校纪律，虽然学习好，但是道德品质恶劣。因此爱不等于溺爱、娇惯、姑息、放任。当然，执教要严，并不是说可以简单粗暴，而要严而得当，严而有效。

在我班，孔繁琦同学是班级男生中的佼佼者。由于班级内没有人学习成绩能超过他，他骄傲的尾巴翘了起来，经常不认真听课，在课堂上打闹。见此情景，我严格地批评了他，并在课堂上故意不理他，让他备受冷落。经过长达一周的时间，他认识到了自己的错误，上课认真听讲了，并主动和同学们交流，帮助同学们一起进步。

做法 3：善于鼓励学生

爱学生就要善于鼓励学生。要相信学生的可塑性很强，经过正确的教育大都能成为有用之人。一个教师爱优秀学生容易，爱后进生则比较困难，因为他们有许多缺点，而缺点是不可爱的。后进生的自觉性、自制力等意志品质尚在发展形成中，教师应善于通过细致观察发现他们的优点，然后因势利导，鼓励他们慢慢改正缺点。教师应用父母兄长般的关爱去抚慰他们的心灵，或晓之以理，或动之以情，或导之以引，激发他们向上的热情，让他们逐渐成长为品学兼优的学生。

对于学习较差的同学，不要歧视他们，而应鼓励他们尽量争取多学一点知识，同时尽可能地发现他们身上的长处，充分发挥他们的特长。只要他们有一点进步，就及时地给予表扬，使他们不至于觉得自己一无是处。让每一个学生都发现自己的闪光点，对未来充满信心。

我班有一个学生，作文写得非常差，而且每次交作文的时候，他的作文本总是“姗姗来迟”，有时还会不交。后来，我找他谈话，鼓励他能写多少就写多少，想到什么就写什么。而且在批改他的作文时，尽可能多地挖掘优点，少写缺点，每次都给他 80 分以上，告诉他哪里进步了。现在他对写作文充满了热情，而且作文水平比以前有了很大的提高。我这样做的目的就是为了让他体验成功的喜悦，从而进一步培养其学习的毅力。所以，我们在实际教育教学工作中，对学生的评价切忌“一锤定音”，要循序渐进，对他们取得的一点一滴的，甚至是微不足道的成绩，也要大张旗鼓地进行表扬、鼓励，以增强他们的自信心，拓宽其继续转化的渠道。

做法 4：耐心对待学生

“抑为之不厌，诲人不倦，则可谓云尔已矣！”这句话出自《论语·述而》。其要求显而易见，在教育教学工作中，教师必须以巨大的耐心，坚韧的毅力，对学生孜孜不倦，循循善诱。

我任教的是普通班，大多数学生的基础比较差，而且自律能力也不强，旷课、迟到、吸烟、不交作业、打架的学生一应俱全。刚开始的时候，我一看到这种情况，就气得要命，常常把学生骂得狗血淋头。之后一两天纪律会好很多，但过不了三天，又死灰复燃了。面对这种情况，我首先反思了自己。学生坏习惯的养成不是一天两天的事情，要想彻底制服他们当然也不是一件容易的事。这需要十分的耐心。死灰复燃，说明了学生是口服心不服的，要想从根本上杜绝违纪现象，就得先从心理上把学生制服。

俗话说："擒贼先擒王。"通过仔细观察，我发现违纪学生都是以两个纪律最差的学生为领头的。于是，我揪出这两个特殊人物，对他们进行威逼利诱，软硬兼施。一发现违纪现象，马上找到他们，一方面申明学校的规章制度以及班主任的态度，必要时采取一些惩罚措施，让他们明白违反纪律的后果；另一方面，不厌其烦地反复跟他们讲道理，一旦发现他们有进步，就及时地表扬他们、鼓励他们。另外，对于其他违纪学生，我也狠抓严管。而且，我一有空就会到教室里走走，跟他们聊聊天，或者监督一下他们，让他们知道班主任一直在关注着他们。果然，一个多月过去了，我发现，那两个为首的学生收敛了很多，违纪的学生也越来越少，整个班的班风与学风都有了很大的转变。试想，倘若我没有足够的耐心反复教育这些学生，他们肯定很难取得进步；即便有进步，恐怕也只能是半途而废。可见老师的耐心教育多么重要！

作为教师，必须富有爱心，一个缺少爱心而自私自利的人是不可能成为学生心目中的好老师的。只有热爱教育，教师才会自觉研究教育教学方法，不断更新教育理念，积极参与新课改教学实践；只有热爱学生，教师才会尊重每个学生，关注学生的差异，真正做到因材施教，引导学生健康成长，促进学生全面发展。

（黑龙江省齐齐哈尔市第五十九中学　姜　林）

8. 践行人性化教育的初步尝试

我确信：我们的教育目的并不仅仅是培养能够最有效地参加国家建设的那种具有创造性的公民，我们还一定要把我们所教育的人变成幸福的人。

——马卡连柯

［摘自《马卡连柯教育文集》，（苏）马卡连柯著，人民教育出版社2005年版］

马卡连柯是苏联著名的作家和教育家。他对教育的思考和实践是建立在对社会和人性深刻的思考上的。他提出了“集体教育”“前景教育”“纪律教育”，在当时就是一场教育的革命，如今看来，他的教育思想依然充满了思辨的力量。他关注集体教育对个体的影响、关注每个学生的前景发展，关注良好纪律对学生的正确引导，促使每个学生都能健康成长。他的教育理念和实践是富有人文性和人情味的，他很早就把“人性化教育”渗透到了自己的教育实践中。以下是我学马卡连柯后在教育工作中的一点初步尝试。

尝试1：“你送花了吗?”——鼓励自治

人是有感情的。身心处于发展关键时期的高中生正处在朦胧的感情边缘。因此，若有若无的早恋问题成为每个高中班主任的难题。“棒打鸳鸯”，晓以利害，往往是班主任不得已而为之的方法。

我接手的这个班，是理科的尖子生班。于是我暗暗庆幸，以为理科生思想简单，又都是学习上进的好学生，不会有早恋问题存在。可是刚开学不久，我发现了一束玫瑰加百合的花束放在我们班长的桌斗里。闻到沁人心脾的百合香气，我一阵眩晕。难道我也必须要用那个撒手锏吗？用校规威胁，然后拆散？理智告诉我，不能当场说，我一天不安。放学后，我把他悄悄地叫到了办公室，我不说话，看了他半天。他终于忍不住了，和我谈到了我们班的一个女生，说今天是她的生日，他们之间的交往，是介于兄妹和朋友间的那种。谈到那束花时，他说是有一个倾慕她的男生送的，她不愿让那个男生误会她有意，就送给他了。为了保护她，他已经和别人宣称他们是兄妹了。天啊，好乱！其实分明是有好感，但是都不愿捅破，我要把话挑明吗？不，这份朦胧的感情是每个人都会经历的。我没有责备他，只是和他谈起了我看到的高中时期朦胧感情的结局，其目的是想提醒他高中这种青涩的感情是难以结出硕果的，更多的是对彼此的伤害和学习上的退步。人成长的路还很漫长，还有很多美好的东西要等到真正成熟了才能体会。看到他离开时明亮的眼睛，我知道他会自己处理好这件事的。后来他没有辜负我的期望，两个人没有故意躲避，也没有更进一步发展。最后两个人都考上了自己理想的大学。

马卡连柯曾说："对教师来说，学生确实是教育的对象，但儿童却是活生生的人，他应当以生活为乐，并从丰满的生活中获得生活经验。教师不应该只把学生看成自己的教育对象，而应看到，他们也是'具有充分权力的公民'。"处在青春期的初、高中学生，有各种各样的问题，教师不可能一一亲自解决，这就需要给学生时间让他们得以倾诉想法，引导他们更多地思考，促进他们自我判断，自己解决问题，增加生活经验。

尝试 2："用我的指甲刀吧！"——启发自觉

马卡连柯说："我们的纪律是充分的自觉性、明确性以及大家对于应当怎样行动的充分理解，同清楚的十分明确的外部形式的结合。这种外部形式不能有纷争，不能有意见分歧、敌对、拖延和说闲话的那些现象。"

对学生的严格要求是建设良好班风和学风的重要保证。没有纪律就没有好的士兵。但是对学生的严格要求，并不是指教师要板起面孔提出严厉

的要求、严酷地执行，甚至体罚或变相体罚。要严格要求，并做到令行禁止，每个老师都有各自的方法，我尝试着动之以情，晓之以理，并借助于集体的力量，启发学生的自觉。比如，学校要求学生要穿校服，带桌罩，戴校徽，留学生头，剪指甲。我在开学先组织学生讨论学校规章制度的必要性，点明学校这样要求的好处。在集体认可规则后，让卫生委员当众检查。碰巧一个女生没剪指甲，她说忘了，全体同学都看着我。看着她一脸的无辜，我没有发火，而是从口袋里掏出早准备好的指甲刀，说："用我的指甲刀吧！这样我们班就全部合格了。"她的脸"刷"的红了，仔细地剪起来。之后再执行纪律顺畅多了，学生都能自觉地遵守纪律了。有同学私下问我："老师，要有人没理发呢？没带桌罩呢？"我笑了："那我带剪刀给他理发，买桌罩让他租啊。"

启发他们的觉悟，让他们意识到纪律对工作和学习的意义，达成集体共识，并且帮助他们做好，这也是做好思想教育工作的重要方法。

尝试3："你字写得真漂亮！"——培养责任

马卡连柯说："培养责任心主要地还可以靠委托个人工作的方法。这就是说，在任何一种情况下，都可以委托某人做某件事情，并且必须在大会上作报告，必须进行检查。这种责任感一经培养起来，它就能创造出奇迹。"作为班级管理者，班主任必须能够"知人善用"，就是能够发现学生的长处，委托他们做事情，培养他们的责任感。只有这样，才能让学生最大限度地发挥他们的才能，发挥民主自觉性，建设一个更加和谐民主的集体。因此，教师要学会观察，学会发现并赏识学生的长处和每一点进步，让学生扬长避短，人人成才。

接手来自全年级12个班的学生组建文科新班时，我从原班主任以及我认识的学生那了解情况，然后一个个地找学生谈话，确定了班委，让他们先为大家服务，一学期后，等同学们互相了解了，再重新选举。可是我怎么也找不到合适的宣传委员。怎么办？我利用晨检自习，帮其他老师检查作业（看汉字，我教英语）。经过几周的观察，我发现了一个各科作业都写得非常整齐又漂亮的女同学，我找到她，发自内心地对她说："你字写得真漂亮!”然后我和她谈了我的想法，想让她负责班里的板报宣传。她脸红了，说她学习成绩不好，怕做不好。我鼓励她试试，她接受了。我当众宣布对她的任命，并且积极督促她作好板报宣传，之后就经常能看到她漂亮的板报了。她的学习不仅没耽误，还有了很大的进步呢！对她的赏识激发了她的责任意识，实际上给了她对前景的希望，促使她创造了宣传的奇迹和学习的奇迹。这种赏识的力量是在思想教育工作中必须加以重视的。

尝试4：“今天我来擦黑板!”——模范示范

榜样的力量是无穷的。身教重于言教。在人性化的思想教育中，教师的威信首先是由他们的模范行为来保证的，教师的感染力将达到“此时无声胜有声”的教育效果。因此，教师要注意树立自己的良好形象，包括形象仪表、讲话办事。要做到不迟到，不早退，不穿奇装异服，认真对待学习工作，要宽容团结，以班为家，维护集体利益等，要求学生做到的，教师自己首先要做到。

记得刚接班不久，有一次班里的黑板没擦干净。自习课上，我去打了干净的水，把抹布洗干净，接着把粉笔槽里、地上、讲台上的粉笔头收拾到粉笔盒里，开始擦黑板，认真地擦了几遍。然后再洗干净抹布，擦干净了讲台，把抹布叠好放整齐。学生们静静地看着我。后来黑板很少不干净过。他们也都认真地在做中学习着。于是我每天盼着走进干净整洁的教室，就好像回到了自己的家；盼着看到他们勤奋学习的样子，看到他们天真的笑脸，看到他们为了习题的解法争得面红耳赤，就好像他们都是我的孩子。

思想教育工作其实需要的就是这种实践和探索，真正感悟，不断成长。

“我确信：我们的教育目的并不仅仅是培养能够最有效地参加国家建设的那种具有创造性的公民，我们还一定要把我们所教育的人变成幸福的人。”马卡连柯是这样说的，也是这样做的。他用一生的时光进行了实践，用人性化的教育爱着他的学生们。在我的教师生涯中，我也深深体会到，人性化教育体现了教师对学生的热爱，对教育事业的热爱，更容易被学生接受，教育的效果也更加明显。教师要努力把人性化的教育融入自己的工作中，让每个孩子都能成为有用之才。

（北京市大峪中学　王桂英）

9. 让学生成为班级的主人

一个班级，要善于利用集体的力量，即在集体中，通过集体和为了集体。

——马卡连柯

［摘自《马卡连柯教育文集》，（苏）马卡连柯著，人民教育出版社 2005 年版］

班主任工作是一门艺术。班级的事层出不穷，班级的事烦琐难当。怎样做才能把班主任从这样的桎梏中解脱出来？实践证明，最好的办法就是让学生们都来参与班级的管理，给予他们锻炼才干的机会，让他们成为班级的主人。这种想法也基于苏联教育家马卡连柯集体教育原则和平行教育原则。他曾说："一个班级，要善于利用集体的力量，即在集体中，通过集体和为了集体。"下面我就这个学期的做法谈谈切身体会。

一、民主宽松，学生自治

在班级的管理上，我总是让学生享有充分的民主。同时也告诉学生，只有你为班级尽到义务，你才能享受到民主的权利。比如，你可以借阅班级图书柜中的书本，但你必须自己先捐一本。学生中的卫生监督员实行竞选上岗制，并由学生选举表决；每周的值日班长，被选出后可享有管理监督各组组长的权利，但是也由学生推荐学有进步的同学担任；学生可以向教师提出管理班级的建议，好的尽量采纳。

二、晨会班会，学生主持

以往的班会课和晨会课一般都由班主任主持，这样不易深入了解学

情，甚至由于班主任的一己之见造成不良后果，学生被动地接受说教，效果也不是很好。现在，每周晨会课上，我班出现了每组组长轮流上台主持的现象。当然我们要求各组事先策划好节目进程，针对班级弱点，学校重点，对同学进行思想教育和行为的指导。我观察学生参与晨会的积极性非常高，他们美美地过了一回当主人的瘾，自觉自愿地投身到了争当小主人的活动中来。

三、课程学习，自主探究

在管理方面，我让学生当主人，在学习方面，更是如此，平时上课，我采取自主、合作、探究的方式进行教学，让课堂成为学生发现问题、探究问题、展示才艺的乐园。教师只是起引导、启发、点拨的作用。崇尚个性化学习，让学生学会自主学习，激发学生的学习兴趣，是我努力的方向。如学生作业的批改，先由学生自评自测，再由组长检查审阅，这样长期训练，培养了学生自我监控的意识和自我检测的习惯，最终为学生养成独立自主的良好的学习习惯服务。

当然，由学生做主人，是不是就不要班主任了呢？其实，班主任只是起到了“导游”的作用，在管理上进行宏观指导：在学生遇到困难和挫折时，你出现了，去解决困难，总结原因，鼓励学生；当学生犯错误时，你去晓之以理，动之以情，导之以行，冰释心理障碍；当有苗头性的问题出现时，你防患于未然。

班主任的工作，不是一个人单枪匹马能做好的，还需要副班主任和各位科任教师的支持体谅、默契配合，才能起到教育一致性的效果，才能拧成一股绳，共同把班级的事做得更好。

四、用真情打动学生

班集体的良好风气的形成，学习成绩的进步，道德水平的提高，都饱含着班主任辛勤劳动的汗水。班主任与学生有着最广泛和最密切的联系，对学生影响最大。班主任的思想、品格、学识乃至性格、兴趣、风度等都会对学生产生这样或那样的影响。所以我非常重视理论与实践相结合，通过交流学习，互相取长补短，共同提高。

尊重信任学生，以情感人

（1）尊重信任学生，是教师对学生的关心和爱护，也是教师对学生的情感和行为的具体表现。学生自尊心强，我在处理学生的事情时，都非常重视维护学生的自尊，允许他们对我的工作和教学提意见。不管是什么学生，一般不在集体中批评指责他们，只是通过个别谈心，使他们认识错误，及时改正。我从来都不戳学生的痛处，总是和蔼可亲地跟他们讲道理。

（2）情感是导向师生间心灵和谐境界的桥梁。以情感人就是以平等的态度对待学生，用真挚的情感温暖学生，使他们在潜移默化中感受到爱。情感是学生心田渴望的雨露。建立和谐的师生关系，关键在于教师对学生的理解。诗人泰戈尔说："爱是理解的别名。"因为只有理解学生，才能有师生情谊；有了感情，才能有沟通思想的办法；有了办法，才能解决问题，才能尽到教书育人的责任。理解学生，需要教师有赤诚之心、真挚之情。每当我新接一个班时，我所做的第一件事就是"紧跟"学生。课上、课后和学生紧密相连，和学生交谈、玩游戏，让他们感到教师不是可怕的、令人生畏的，而是和蔼可亲的。我关心学生，对成绩差的坚持辅导，从不把他们当累赘。我相信这样一定会给这些幼小的心灵带来安慰和温暖。

全面了解和研究学生，搞好班集体，提高成绩

班干部是班级的骨干，是班主任的得力助手，对其要严格要求，让他们以身作则，处处起模范作用。如：班里的板报，就是由他们分组合作完成，每两周出一期；挑选最好的文章、设计版头、画画等都由他们共同完成。还有班级管理工作，如：主持早读、搞好节日文艺表演、维持课堂纪律、参加劳动等，他们都能一一完成。我对他们的缺点和错误予以帮助、教育，使他们勇于承认错误，及时改正。

对于中等生，我主动了解和关心他们，创造契机，让他们施展才华，获得成功。

后进生的思想转变，是一个老难题，它的出现时时困扰着教师和学生，但我想没有谁天生就是后进生，于是努力去分析原因，寻求办法。后进生在同学中、家庭里、社会上得不到温暖，他们往往对自己美好的愿望失去追求的勇气，心中的“火”常常被压抑，但他们并不是绝望者，希望之光常会在他们面前闪过，教师有责任帮助他们重新点燃心中的火，让他们沿着希望之光前进。后进生都存在胆怯、自信心不足的心理问题，他们不像优等生，能积极主动地学习，因此一定要对后进生有所偏爱，给予他们更多的机会。一般上课我都有意识地让他们回答一些较为简单的问题，鼓励他们积极思考，答错时就耐心地帮他们分析，答对了便向他们投去赞许的目光。现在他们都能积极地投入到学习、讨论中去了。在实践中，他们逐渐由“陪读”变为主动学习，成为学习的主人，成绩也逐渐提高了。

作为教师，应该为不同层次的学生设立恰当的期望，关心爱护他们，让他们在真正均等的教育机会中各有所获，各有所长。

（浙江省绍兴市鲁迅小学　肖　芳）

教与学

1. 45 分钟内讲“活”历史

同样的教学方法，因为语言不同，效果就可能相差二十倍。

——马卡连柯

[摘自《马卡连柯教育文集》，(苏) 马卡连柯著，人民教育出版社 2005 年版]

课堂教学是教师传授知识与学生获取知识的双向交流过程。教师如何在有限的45 分钟内，讲“活”历史，做到举重若轻，将难度大的问题深入浅出地讲出来，增大学生在单位时间内获得知识的密度，提高教学效果和学生的学习效率，是我们历史教师应该认真探索的教改课题。下面试结合我自己的教学实践和思考，谈几点体会。

做法 1：熟练地驾驭教材

首先要宏观把握教材。备课时，把每节课都放在整个历史长河中去，居高临下地讲述。要做到这一点，必须通读教材，掌握历史阶段特征。例如，高一《世界近现代史》下册第一章是“无产阶级革命运动和民族解放运动的高涨”，包括四节内容，这四节前后联系可看作是一个整体：俄国十月革命、资本主义世界无产阶级革命运动和亚、非、拉各国的民族解放运动，是世界革命运动的三个组成部分，共同促成世界现代史首次革命高潮，这是以俄国十月革命为开端，以西方资本主义国家的无产阶级革命斗争为主导，以被压迫民族为同盟军的一次世界规模的革命运动。这样讲述，学生对这一部分内容就有了一个宏观的认识。再如讲述中国近现代史时，要宏观把握三条线索：中国人民的屈辱史、抗争史和探索史。以后讲任何一节时都可将之放入一条线索中去，使学生更清楚地把握历史。

其次是微观拓宽教材。中学历史教科书曾被一些史界同仁形象地称为“压缩饼干”。因此，我们在使用教材时，对一些内容必须进行必要的充实，使之生动形象和更容易理解。当然，拓宽是适当的，如教材有关内容的顺延、史料的补充、理论的深化等，这对提高学生的读史兴趣、激发学生的情感是很有好处的。就理论的深化来说，因高考越来越注重对历史思维能力的考查，而有些理论性问题又使学生感到高深莫测、无所适从，所以我们在课堂教学中就应适时地把有关辩证唯物主义和历史唯物主义的观点向学生进行渗透，使学生有规可循，心中有数，从而提高思维能力。

例如，我在讲述太平天国运动的历史作用时，引用了赵尔巽在《清史稿》中的有关论述：“秀全以匹夫倡革命……中国危亡，实兆于此。”让学生思考这一观点。然后对学生进行阶级斗争观点的辅导，即：阶级斗争是阶级社会历史发展的直接动力，它突出地表现在社会形态更替的质变过程中，还表现在同一社会形态内部发展的量变过程中。赵尔巽的观点主要错在否定了阶级斗争的历史作用。

再次，深化标题之间的内在联系。一节课一般涉及几个问题，那么教师在讲课时不但要突出重点、难点，还要注意深化各个标题之间的内在联系。我参加过山东省中学历史优质课评选，也听过很多课。有些课在各个问题上平均用力，不分主次，挖掘不出各个标题的内在联系；而有些课则解难释疑，详略得当。例如，《“工农武装割据”的形成》一课，应重点讲清概念——工农武装割据：中国革命走农村包围城市的道路，即在中国共产党领导下，使武装斗争、土地革命、根据地建设紧密结合；并让学生按本书内容的内在联系进行连线。这样就把其中的内在联系讲透了。其难点是中国实施“工农武装割据”的原因，这就要按毛泽东的论述，结合中国当时的实际国情，逐条分析讲述，使学生的认识更加深刻。

做法2：严谨的课堂结构

严谨的课堂结构是上好一节课的关键所在。要做到这一点，使学生学活历史，我认为必须处理好三个关系：

（1）课堂气氛“严”与“活”的关系。教师必须具备较强的课堂气氛控制能力。良好的课堂气氛应该是既严肃又活跃的。做到严中有活，活中有严；严而不死，活而不乱。“严”表现在：课堂纪律要严；教师传授知识应当注重准确性，做到史实准确、观点正确、褒贬分明，不可信口开河；学生回答问题时，教师要严肃认真地对待，对正确答案要予以肯定，对错误答案要及时纠正。“活”表现在：教师要有亲切的面容，和蔼的态度；穿插与教学内容有关的史料、历史小故事，讲述要耐人寻味；更重要的是对史实的叙述要有层次感，做到深入浅出、生动有趣，既有惊涛骇浪的叙述，更有涓涓细流的描绘。

（2）培养能力与思想教育、传授知识的关系。有人说，教给学生知识等于教给他们“加法”，培养学生的思维能力是教给他们“乘法”。在历史教学中不仅要教给学生史实，更重要的是培养他们在掌握史实的基础上如何运用辩证唯物主义和历史唯物主义的观点去分析、比较、概括、归纳、评价某些历史事件、历史人物。所以我们在设计课堂教学时，要注意培养学生的历史思维能力，优化课堂提问，如投石激澜、巧设障碍、扩充延伸、诱导争论、变换角度等，启导学生思维的深刻性、培养思维的独立性、拓展思维的广阔性、激发思维的批判性、训练思维的灵活性，将学生的思维意向纳入课堂教学的轨道，与教师的思维同步。例如，讲述完德意志的统一后，可设问：“在确立资本主义制度的过程中，英、法、美、俄、日、德等国分别具有哪些特点？你从中可得到哪些启示？”这样，不仅保持了学生的思维热点，有助于发挥学生的联系性思维，而且也拓宽了学生对一种新的社会制度的建立必定要经过曲折、复杂的历史过程的理解空间。

（3）教学过程中“疑”与“释”的关系。“学而不思则罔，思而不学

则殆。”在教学过程中，教师要正确处理“疑”与“释”的关系，这也是提高学生思维能力的途径。上课时，可多用一些设问句、反问句来设疑，让学生的思维处于活跃状态，变“要我学”为“我要学”。例如，讲第一次国共合作的必要性和可能性时，我不是简单地将要点和盘托出，而是提供四则材料，在学生阅读、思考的基础上加以点拨提示。当然设计问题要有启发性和深刻性，不宜过难，也不能过易；不应停留在要求学生用“是”或“不是”来回答上，也不应让学生感觉高不可攀，无从下手，而是要难易适度，跳一跳就能够得到。设疑的目的在于释疑。释疑的方法多种多样，如教师讲授法、学生思考法、师生讨论法等。教师应视问题的难易程度采用不同的方法。若是概念性、知识性的问题，可由教师直接解答，如“什么是五色旗?”“沙文主义是指什么?”；分析理解型的题则应引导学生回答，如“蒋介石为什么一定要发动内战?”教师可引导学生分析蒋介石的阶级属性，然后剖析当时中国社会的现实及国际形势，从而得出正确结论。苏联教育家赞可夫说过：“教会学生思考，这对学生来说，是一生中最有价值的本钱。”所以教师要把握一个原则：不愤不启，不悱不发。

做法 3：优美的课堂语言

教师语言表达能力的强弱，直接关系到教学的实际效果。正如苏联教育家马卡连柯所说：“同样的教学方法，因为语言不同，效果就可能相差二十倍。”因此，教师必须追求教学语言的艺术美。要让学生喜欢你的课，觉得听你的课是一种享受，这确实需要高超的教学艺术。而这种高超的教学艺术源自教师渊博的知识和对专业课的精深理解与熟练把握，源自教师的禀赋和气质。例如，“亚洲的革命风暴”与“亚洲的觉醒”的时间哪个在前、哪个在后，学生容易记错，我简练地用“革命风暴刮起后，把沉睡的亚洲人吹醒了”这样一句话，使学生很快就记住了，并且记得很牢。

教学艺术的美是内在美与外在美的统一。内在美主要是教师所讲授的教学内容富有科学美。外在美主要指教学表达的形式美，比如，字字珠玑、抑扬顿挫的教学语言美，层次清晰、简洁明了的板书、板图美，有张有弛、劳逸结合的教学节奏美，起伏有致、疏密相间的课堂结构美，启发诱导、虚实相生的教学方法美等。我们应该长期坚持不懈地去努力、去探索达到上述完美境界的途径，不断提高自身的素质，从而使我们的教学实现质的飞跃。

做法4：画龙点睛的小结

课堂教学的最后一个环节是复习小结。一节课的小结应起到两方面的作用：一是复习归纳本节所讲的核心内容，突出重点、难点，并找出便于学生记忆的方法。如讲完第二次世界大战经过时，可归纳为五个战场、四次会议、三次转折性战役、三个法西斯国家投降，使学生不仅记忆牢固，而且知道本节的关键所在，起到画龙点睛的作用。二是留下悬念，激发学生反思的余波。一节课的结束不能被认为是思维发展过程的完成，恰恰相反，应该是思维进入更高层次循环的开始。因此，在小结中，我经常用悬而未决的问题，创设新的情境，给课后学习布下疑阵，以诱发学生探求知识结论的愿望。

例如，在讲述《帝国主义瓜分中国的狂潮》一课后，我是这样安排的：(1) 扼要归纳帝国主义对中国资本输出的方式和危害；(2) 分别请学生把代表英、俄、德、法、日的虎、熊、肠、蛙、太阳等符号，画在“帝国主义瓜分中国示意图”上作为课堂练习；(3) 挂出时局图烘托出当时中国的危急局势，激发学生勿忘国耻、振兴中华的爱国之情；(4) 提出问题——“甲午战争后，中国面临空前严重的民族危机，怎样才能挽救祖国任人宰割的民族危机呢？中国各派政治力量在苦苦探索着，那么具体情况如何呢？结果怎样？”，启发学生思考，为讲好后面的新课埋下“伏笔”。以此，不断深化和发展学生的思维。

课堂教学最后还应注意目标反馈、讲练落实，让学生动手动脑，通过练习强化记忆。教学是一种艰苦的创造性劳动，教师应在完善课堂结构、创设问题情境、开发学生智力和非智力因素、培养学生思维能力等方面狠下功夫，努力提高教师自身的素质。

历史教育界的有识之士曾呼吁："我们要凭借有限的45分钟、有限的历史内容教会学生无限的历史思想方法和历史以外的各种东西。"这是素质教育中一个重要的组成部分，也是我们中学历史教学奋斗的目标。

（上海市闵行第二中学　沈玉华）

2. 课堂控班“六字诀”

教育技巧的必要特征之一就是要有随机应变的能力，有了这种品质，教师才能避免刻板公式，才能估量此时此地的情况和特点，从而找到适当手段。

——马卡连柯

[摘自《马卡连柯教育文集》，（苏）马卡连柯著，人民教育出版社 2005 年版]

小学英语教学属于趣味语言教学，即通过各种游戏活动，让学生在愉快的气氛中学习并掌握知识，提高语言综合运用的能力。它是一门充满“happy”（欢乐）的学科，容易触及学生的知识经验和情感心智，激发学生在课堂上的惊人之举、奇妙之言，往往带有更多的不可控性。因而，我们只有学会因势利导、随机应变，讲究必要的教育机智，方能在教学中游刃有余，创造出最佳的教学情境，收到更好的教学效果。下面是教学中总结出的一些有效做法。

“忍”（endure）——心平气和，豁达大度

“忍”是教学机智在面临突发事件时的典型表现，也是对教师素质的基本要求。在课堂中，有的教师一不如意就火冒三丈、暴跳如雷，通常会有比较冲动的言行，事后又后悔莫及，因为那些行为不但破坏了自己在学生心目中的形象，更使学生在心理上有了阴影。

此时教师若能做到心平气和、豁达包容，冷静思考面临的问题，善于克制自己，便能使当时的气氛先缓和下来，为下一步圆满解决问题赢得宝贵的时间。

案例：One，two，three，freeze！

记得在教学生认识“animal”（动物）时，由于孩子们天生对动物感兴趣，在进行到“Mime and Do”（演一演，做一做）环节时，原本就极度兴奋的他们一下子炸开了锅，根本听不进指令，自顾自地扮演着小狗、小猫。整个教室就像个马戏团，被这些孩子折腾得天翻地覆。如果此时我火冒三丈，控制不住自己的脾气，遭殃的便是这些天真的孩子们，他们很可能在今后的英语课上不敢再“放肆”，对参与课堂活动心有余悸。我该怎么做？

我向他们大声招呼着：“Hello，boys and girls！”（嗨，同学们！）当孩子们被我的声音吸引时，我突然做了个拔枪动作，说：“One，two，three，freeze！”（一二三，木头人！）示意他们不许动。看着同伴之间停留下来夸张的动作，大家都忍俊不禁地笑起来，随后都跟着我的指令扮起了小动物。在活动进行中，我们又玩了好几次，一旦有学生思想不集中，还动个不停时，其他人就会效仿我说：“One，two，bomb！”（一，二，嘣！）向他开上一枪，从而使课堂处于掌控之中。

“快”（quick）——当机立断，随机应变

大凡老师都有过这样的经历：面对和处理课堂上出现的突发事件。由于事件发生时往往伴随着激烈的矛盾冲突，并可能带来严重后果，所以我们应该当机立断、随机应变，迅速化解矛盾冲突，制止不良影响的进一步扩展。

英语课上，为了激发学生的学习热情和兴趣，教师会想尽办法设计很多游戏和活动。但小学生生性活泼好动，对新鲜事物充满了好奇。特别是一些男孩子，往往会在大家一起做游戏时趁机玩耍，并带给你许多意想不到的结果。

案例：There’s a small you in my eyes.

有一次在学习身体部位名称时，同学们跟着我的指令做“Simon says”

（西蒙说）游戏来巩固所学单词。我发现有几个调皮的男生动作迅速地在身上其他部位乱点乱指，有的伴有舞蹈动作，有的甚至跳上了椅子或钻到了课桌底下，其中一个学生还一屁股坐在了地上，惹得全班哄堂大笑。此时我知道必须立刻想办法控制住这种局面，否则无法继续上课。于是我当机立断，用手指着自己的眼睛，并故作神秘地对学生说："Hi，my dear children. Look at my eyes! There's a small you in them ."（嗨，亲爱的孩子们，请看我的眼睛，里面有一个小小的你。）这引起了学生的好奇，课堂顷刻间安静下来，同学们睁大双眼，找我眼里的"小小的他"。摔倒在地上的学生也立刻站起来，跟上了大部队的节奏。我随即继续让学生做游戏，接下来的教学环节都顺利地完成了。

当然，当机立断并不意味着一定要立即从根本上解决问题，作出最终裁决，而是尽可能地先平息事端，为当事人冷却过热的情绪，为下一步解决问题做铺垫。

"宽"（tolerant）——海纳百川，有容乃大

雨果曾经说过："世界上最广阔的是海洋，比海洋更广阔的是天空，比天空更广阔的是人的胸怀。"对教师而言，宽容是一种境界，是一种艺术，更是一种智慧；对学生而言，教师宽容的教育方式使学生获得宝贵的自尊，为学生自我矫正、自我完善、自我发展提供了机会和空间。而事实也证明："宽容有时引起的道德震动，比惩罚更强烈！"

案例：Open your mouth and bite the apple.

记得几年前在一年级教学字母 A 的时候，还同时教学生认读了"ant"（蚂蚁）和"apple"（苹果）两个单词。先学的是"ant"，我拿出了小蚂蚁的图片，让学生说一说、演一演，可爱的孩子们都十分乐意扮演 ant，同时把单词也牢牢记住了。可当我在教"apple"这个单词时，却遇到了问题。大部分的学生很容易就会读这个单词，并且还能用它造句：I have an apple.（我有一个苹果）I like apples.（我喜欢苹果）……突然，我注意到班上新转来的小女孩 Eva（她平时话不多，很斯文）也高高举起了手，我

毫不犹豫点了她的名。“Hello，apple/enpl/！”一听到她把“/æ/”念成了“/e/”音，大家哄堂大笑起来。我立即帮她纠正发音，可她还是念错。看着她急得眼泪都快掉出来了，我急中生智用双手比画成一个“苹果”，一边大声念道：“I have an apple.”说到“/æ/”时，一边对着“苹果”咬下去。“/æ/”刚好是张大嘴巴，发这个音刚好是一个咬的动作过程。这样她也捧着一个“苹果”跟着大家一起作张大嘴巴咬的姿势，边做边读，“/æ/”音也就再没有念成“/e/”音了。并且，这样一来，“apple”不再只是一个口中机械念着的单词，而是和孩子们的生活体验连接起来了，“apple”顿时变得鲜活有形。孩子们觉得念这个单词有点新奇、有点滑稽、有点好玩，语音教学在大家的相视而笑中自然地渗透进了孩子们的心中。更重要的是，我想下一次他们真的在啃苹果的时候，一定会想到我们的“apple”和当时的笑声。

对学生宽容，搭建台阶是引导学生进行自我教育的契机，表面看来是“退一步”，实际上是在“进两步”，使教育真正触及学生的心灵深处，并内化为自觉的行动。当然，宽容错误决不是纵容学生犯错，更不是对学生的错误视而不见，而是需要用一颗平常心去对待，因此，只要不是原则性的大错，教师就要利用一切教育资源给学生一个台阶下，其实也是给学生一个认识、改错的机会。学生会从教师的宽容中感受到教师对他的爱护和对他的人格的尊重，而教师也会从切身感受中体会到宽容的真正魅力和非凡效果。

“尊”（respect）——项庄舞剑，意在沛公

教的最终目的是为了不教。这就要求教师在教学中能做到尊重学生的学习主体性，要为适应学生而教，努力实现“教的法则依据学的法则，学的法则依照做的法则”。

案例：Graceful vs Vulgar

还是在多年前教高中时，有一次我讲解词语“have to”（必须）的用法，强调该词语有客观上使人不得不去做某事之意，启发学生展开想象的

翅膀，结合生活实际来造句。下面是精彩句选：

I have to wear a coat. It's very cold.（我必须穿上衣服，天很冷。）

I have to go to school. I'm a student.（我必须去上学，我是一个学生。）

I have to close the windows. It's raining.（我必须去关上窗户，下雨了。）

突然出现了始料未及的情况。有个学生"咯咯"地笑个不停，歪歪扭扭地站起来说："I have to go to WC. I have to dabian!"（我必须去上厕所，我要大便！）还故意拖长声音说"大便"两个字，使得全班哄堂大笑。

当时我一边静静地看着被他的话逗得前仰后合的同学们，一边用眼睛打量着这个淘气鬼，虽然他不像所谓的"优生"那样坐得端正、听得认真，但是平时在英语课上他的眼神中也不乏"快乐"二字。只要老师提个醒，他就会从开小差中回来；只要稍稍表扬，他总是以更大的进步作为回报。可是今天，他竟惹出了这样一场"闹剧"。

该如何解决呢？勃然大怒？冷嘲热讽？充耳不闻？不！我面带微笑，大声地说："Yes, we have to go to WC. We have to dabian."（是的，我们必须去厕所，我们要大便。）稍作停顿，我接着说："And we have to xiaobian, too."（我们也要小便。）学生的笑声仿佛像急驰的赛车，刹不住了。"奇怪，"我仿佛在自言自语（学生们有点安静下来了），"这么生活化的词语编者怎么不放进教材里呢？既然编者不教，那只有老师来露一手了。Do you want to learn?（你们想学吗？）"

学生高喊："Yes!"（想！）我讲道："Orally, English men usually say 'piss' for 'xiaobian' and 'shit' for 'dabian'. Little kids usually say 'pipi' and 'shishi'."（从口语上来讲，英国人通常将"小便"说成"piss"，将"大便"说成"shit"。小孩通常说"pipi""shishi"。）"Pipi，哈哈哈……Shishi，哈哈哈……"同学们忍不住又大笑起来了。

我不语。待再次静下来时，我接着说："英语中还有优雅而不会使人喷饭的说法，英国人会很有礼貌地用'Excuse me, I have to go to the John's'或者'I have to see John'（对不起，我去洗手间）来表示这个意思。此外还有一些委婉的说法，同学们可以记录下来。"我转身把上厕所的几种委婉表达写在了黑板上。好学的孩子们纷纷开始记笔记。刚才“闹剧的主演”也听得一愣一愣的。至此课堂秩序恢复正常。

新课程强调学生的主体性，强调一切以学生的发展为出发点，在这种理念下，需要我们尽可能地去调动学生的积极性、主动性。马卡连柯曾经说过：“我的基本原则永远是尽量多地要求一个人，也要尽可能地尊重一个人。”可见尊重和严格要求学生是相辅相成、辩证统一的。只有尊重学生，发挥学生的主体性，教育教学才能取得好的效果。

“度”（measure）——实事求是，掌握分寸

教师在教育学生和处理问题时，应该实事求是、说话有度、分析中肯、判断得当、结论合理、要求恰当、方式适宜，以最小的代价取得最佳的教育效果，也就是要把握好一个“度”。

案例：Where is Spring?

一次在复习“ The four seasons”（四季）一课时正好是寒冷的冬天，课堂上发生过这样一个小插曲：

我在黑板上呈现四季的图片和单词，并向学生描述春天的景致：“There are four seasons in a year. I like spring best. Because trees turn green. Flowers are in blossom. Birds begin to sing .”（一年有四个季节。我最喜欢春天。因为树变绿了，花儿开了，鸟儿开始唱歌。）同学们大都被我声情并茂的讲述感染，沉浸在一派春光明媚的意境中。突然有人唱了一句“春天在哪里呀”。大家都把目光投向了这位同学，并作出了不同的反应：有的显出厌恶的神情，大概觉得这样扰乱了课堂秩序；有的笑，或许觉得又有好戏看了。

面对这一突发情况，把惹事的家伙狠狠数落一顿恐怕也无济于事。如何来转这个弯呢？我突然想起了诗人雪莱的一句名言：“冬天来了，春天还会远吗？”于是我慢慢地走近那位同学，没有训斥他，而是笑眯眯地说：“It's not spring now. But if winter is coming，is spring far away?”（现在不是春天。但是，冬天来了，春天还会远吗？）随即把后一句话写到了黑板上

让同学们跟着我一块儿读。此时同学们既感受了老师可贵的人格，又沐浴了知识的甘露，受益匪浅。

这个案例说明当我们与学生发生冲突时，首先应做到师生平等，不要为了维护自身“权威”而以势压人；其次还要求我们在寻找事件的处理办法时，不能主观武断，而是要抓住教育契机，找准教育切入点，对学生进行有效教育。

“喜”（delighted）——幽默诙谐，乐在其中

我们在与孩子相处时，常遇到这样的时刻——有时气氛沉闷，有时进退两难，有时剑拔弩张，有时惶恐不安。此时幽默的机智能逐渐扭转局面，以一种人性化的方法缓解紧张的气氛，使局面恢复平静和融洽的状态。

案例：A strong tape - recorder

一次在教“thin，strong，tall，short”等描述性形容词的课中，按教学设计，我请了几位同学到讲台前面来，让他们把抽到的人物用一些夸张有趣的肢体语言进行扮演，并用简单的几句话介绍。由于我选的图片人物都是学生所熟悉的明星，大家觉得很有趣。表演的学生毫不拘束，加上流利的介绍，让在座的同伴也跃跃欲试。“I'm Li Yong. I'm thin.”（我是李咏。我很瘦。）“I'm Cheng Long. I'm strong.”（我是成龙。我很强壮。）“I'm Yao Ming. I'm tall.”（我是姚明。我很高。）“I'm Pan Changjiang. I'm short.”（我是潘长江。我很矮。）

一轮表演结束后，学生们显得意犹未尽。于是我趁热打铁，要求他们自由发挥，上台表演。学生们纷纷扮演了许多其他明星。就在大家欣赏精彩表演时，我注意到一个平时不爱发言，注意力总不集中的学生——Alex，他的脸上也显露出一种兴奋的神情，那眼神中透出了一点点自信。我心想：何不让他也试试呢？“Alex，you try，please.”（Alex，请你试一试。）在我的鼓励下，他激动地跑了上来，做了一个大力士的动作，结结巴巴地说：“I'm Li Lianjie. I'm strong.”（我是李连杰。我很强壮。）话音刚落，

他又来了一个武打动作。但万万没想到，Alex 可能是太紧张了，在抬起腿时勾到了录音机的线，摆在讲台上的录音机“砰”的一声掉了下来。

全班同学包括我都被这响声吓了一跳，尤其是 Alex，站在那里不知所措。不能让这小小的意外打击他！我迅速把录音机放回到讲台上，并按下播放键，这时，从录音机里传出领读老师悦耳的声音。接着我关掉录音机，用惊喜的语气向大家宣布：“Alex is strong! The tape - recorder is strong, too.”（Alex 很强壮！录音机也很强壮。）我面带微笑，带头鼓起了掌。原本寂静的教室立即变成了一个笑声和掌声的海洋。Alex 异常惊喜，用感激的眼神看着我们。课堂上的小小意外被轻松化解。

幽默感有利于建构良好的师生关系。幽默是在师生间保持一种轻松、友好、坦诚和体谅气氛的奇妙策略，在笑声中大家共同感受到集体的温暖、友爱和团结的氛围。

苏联教育家马卡连柯说过：“教育技巧的必要特征之一就是要有随机应变的能力，有了这种品质，教师才能避免刻板公式，才能估量此时此地的情况和特点，从而找到适当手段。”让我们共同努力，在今后的教育教学中进一步探索、实践、发现、反思、总结，这样教学课堂就会少一些尴尬，多几分乐趣，少一些弯路，多一些效果。

（广东省深圳市南山外国语学校　金有选）

3. 创新高效教学模式，打造政治“活”课堂

我们所说的高度熟练、真才实学、有本领、有技术、手艺高超、沉默寡言、实事求是、不辞劳苦——这才是最能吸引孩子们的东西。

——马卡连柯

[摘自《马卡连柯教育文集》，（苏）马卡连柯著，人民教育出版社2005年版]

新课程在不断稳步推进，成效日益显现，然而在过去的教学实践中，不少新老教师的实际困难和困惑也日益显露。究其因，笔者认为，这是一种“本领恐慌”。记得苏联教育家马卡连柯曾说：“我们所说的高度熟练、真才实学、有本领、有技术、手艺高超、沉默寡言、实事求是、不辞劳苦——这才是最能吸引孩子们的东西。”从教师“教”的角度看，主要问题不在于要不要课改，而在于“如何改”，也就是如何才能按新的理念有效转变教学方式，提高课堂实效。

下面是我在高中政治教学中践行马卡连柯教育思想，不断提升自己的专业能力的一些有效尝试。

做法1：促进课堂教学观念的转变，实现思想革命

回忆起新课改前的政治课堂，那只是老师的“一言堂”，学生只负责记笔记。这样的教学过程，学生没有思考，只是在老师讲解完整的知识结构下，按照细致的板书识记政治知识的过程。我当时的认识是：政治 = 课堂做笔记，政治 = 死记硬背。这是“一潭死水”的课堂，就算老师讲得激

情澎湃，学生还是昏昏欲睡。

现在新课程实施以后，就学生而言，学习的难度降低了，教材的趣味性、生动性、可读性增强了，学生学习的主体地位突出了；对教师而言，更多的是要求教师结合学生的时代特点，改变过去“填鸭式”的教学方法，要求教师还学生以课堂和学习的自主权。在这种情况下，我们教师必须要解放思想，转变教学观念，主动在课堂上放下架子，以学生为本，以自己为引导者，构造以学生为主体、师生互动的课堂，才能让作为主角的学生“活”起来，让令人窒息的沉闷课堂“活”起来。要做到这些，教师必须应用教育学、心理学和新课程理念作为自己的思想指南，研究教材，研究学生，只有这样才能彻底地转变传统的教学方式。

做法2：探索课堂教学方式的转变，实现课堂革命

有些教师说，让课堂“活”起来其实在我们政治课方面是很容易的，只要我们多讲几个政治故事、时政热点，学生马上就“活”起来了。诚然，我知道很多学生喜欢听时事政治，中学生学习政治的一项重要价值就是通过了解政治事件，反思政治，在潜移默化中开发智力，开拓思维。不过，我们不可能在课堂上一味地讲时政热点，以此来吸引学生的眼球，但我们可以通过改变以老师讲为主的教学方式，采用多种方式激活课堂，以吸引学生。

（1）精心营造情境，让学生在情境中品味政治，激发他们的学习兴趣，培养其学习积极性。

爱因斯坦说：“兴趣和爱好是最好的老师。”情境的设计就是为了激发学生的学习兴趣。创设教学情境必须理论联系实际，情境要具有生活化特点，坚决贯彻新课程“三贴近”原则的理念，即：贴近学生、贴近实际、贴近生活。其方法很多，一段纪录片、一段影视作品、一段新闻、一些图片、一首诗歌、一篇文章、一首歌曲、一个童话故事、一副对联、一些学生的生活经历等，只要对我们的教学有帮助的都可以设计成情境，让学生在情境中产生学习的欲望，积极主动地参与到课堂教学中去。情境的设计在教学中十分重要，好的设计必然能激起学生的学习兴趣，调动他们的主动性和

积极性。而政治情境素材很多，教师只要平时细心，做到这一点并不难。

例如，在《用联系的观点看问题》这一课中，教师利用多媒体课件，设计了一个卡通人物小灵，把课堂教学所需的材料用小灵的各种活动场景作为情境，引导学生进行分析、探究，从而达到运用研究性学习理念构建相应知识和提高能力的目的。此课属于高认知水平教学任务。

场景一：以漫画的手法绘制出小灵（头、躯干、四肢依次出现）—小灵与父母合影—不断复制、缩小、拼组—形成中国地图的形状—合影淡出—呈现中国行政区域图—各行政区域闪动。

提问：将小灵看作一个整体，他的部分是什么？（有学生回答：头、躯干、四肢。）教师引导学生归纳出静态角度下整体与部分的概念。

场景二：小灵的人生历程：婴儿—童年—少年—青年—中年—老年。

提问：把小灵一生看成一个整体，部分又是什么？引导学生从动态角度分析整体和部分。引导学生探究小灵在一定条件下是一个整体，在另外的条件下（如在家庭、国家中）又作为部分而存在，归纳出整体与部分辩证关系的一个方面。

场景三：小灵的小提琴独奏—小灵参与演出的新年音乐会—《拉德茨基进行曲》演奏片段。

在场景呈现后，教师提供电子琴由学生随手弹奏，对比小灵的小提琴独奏，提问：同样七个音符，为何小灵演奏的是动听的音乐？引导学生总结出部分以合理的或欠佳的结构组成整体，整体会具有不同的功能。

在新年音乐会场景呈现后，提问：小灵的演奏与整个乐队的关系？从而引导出整体和部分的内涵不同、地位不同。

在《拉德茨基进行曲》演奏后，提问：整个大厅中哪个人给你留下的印象最深？谁对于这个乐曲演出的成功最关键？引导学生从指挥这一关键人物入手分析整体与部分的联系。

场景四：小灵参加“抗震募捐活动”，正在发放宣传单。

提问：为战胜地震灾害，我国政府采取了哪些措施？引导学生从方法论意义上用整体与部分的关系指导实践。

场景五：小灵过电网。

这是一个军训拓展项目。一个立式电网，上有 8 个大小不一的圆孔，可以过人，孔周围都不可触摸，孔有高有低，高的距地面 1.7 米，低的贴地，每孔只可使用一次，每 8 人一组，以过人最多、时间最短为优胜。

这是一个小组合作项目，教师在课堂上以 8 人为一组要求他们设计出真实可行的过网方案并进行交流，由其他小组评价，其目的就是要学生亲身体验立足整体、统筹全局、重视局部、扬长避短的理念在实践中的应用，使所学知识得到提升。

（2）巧妙设计问题，将教学内容问题化，由浅入深，步步引导，让学生体验发现真理的过程，充分体现主体角色，在过程中尝到学习的乐趣和成就感，最终引导他们去发现问题。学生学习知识的最大动力在于兴趣，而使兴趣能长久地保持，并具有稳定性，则在于在探索中的不断成功。我们教师要在课堂上让学生在不断成功的喜悦中去积极参与，激发他们的探究兴趣，达到自己解决问题的目的。

例如，在讲授《哲学常识》中“一切从实际出发”时，我把教材中一段阅读材料修改后作为问题背景，并将问题由易到难展示给学生，分别请不同层次的学生回答，收到了较好的课堂教学效果。

附材料：我国北方一个村庄，在改革开放之初，村党支部千方百计寻找发展工业的门路，但由于受原料、资金的困扰，先后搞的几个工业项目都失败了。后来，他们从当地的实际出发，从市场的需要出发，紧紧围绕农业、工业，把农业生产与农产品的加工、运销、综合利用等环节结合起来，全村经济很快得到了全面健康的发展。

问题：①该村庄后来实现富裕主要依靠了什么做法？（考查学生简单的归纳能力，较容易。）这一做法所依据的哲学原理是什么？（要求学生能联系前面所学的物质决定意识原理，强调前后知识的联系，稍难。）②该村庄在脱贫过程中是怎样贯彻这一做法的？（要求学生能紧密联系材料分析，需具备较强的分析能力。）③该村庄脱贫致富的做法给我们带来哪些启示？（要求学生能进行知识的迁移，并理论联系实际，是比较高的要求。）

成功的问题设计，能让学生在兴趣盎然中主动寻求答案，不知不觉参与到教学中，既完成了教学目标，又满足了学生的成就感，达到了“先学后教”的目的，并且会让他们逐步养成自主学习的习惯，培养他们的自学能力和创新意识，何乐而不为？

值得注意的是：如果问题设计过于简单，学生轻易就找出了答案，容易产生骄傲自满心理，渐渐对参与活动失去兴趣，给以后的教学带来不良后果；而问题设计得太难，学生自己解决不了，又难免会垂头丧气，对以后的教学也会产生负面影响。因此，我们在设计问题时要注意结合学生的智力水平，适合学生的特点；注意参考教材实际、符合教学规律；注意难易程度的搭配，争取把每一个学生都调动起来，否则，一切脱离了学生的活动都是无用功。

(3) 跟现实生活紧密联系，在生活中寻找政治的踪迹，培养学生的主动探究精神。

坚持“从感性到理性”“源于生活又指导生活”的原则，用好（刷新）教材上的案例、图文、情景材料，启发学生思考，领悟理论知识，明了国家的大政方针。例如，教材阐述价格变动对人们生活的影响，实际上只是说了对人们消费需求的影响模式很不全面和不透彻。教师在设计问题时，可以问学生：第一，收入不增加，而柴米油盐、肉禽蛋奶、煤气电费等价格不断上涨，对人们的生活有什么影响？房价上涨，对买房一族的生活有什么影响？第二，对各类消费品的需求有什么影响？这就比教材站得更高，看得更全面。又如，树立正确的消费观，我们可以请学生思考讨论：当前大学生“手机、上网、人情”三项消费越来越高，且这三项高消费正在向中学生队伍蔓延，你怎么看待这种消费行为？总之，教师在政治教学中要注意联系现实，使学生切身体会到学习政治的意义，激发其学习政治的兴趣。学生的经历有时能帮助我们化难为易，让一些理论性较强的内容变得通俗易懂，既有利于调动学生的积极性，增添学习兴趣，又可培养他们“国事、家事、天下事，事事关心”的习惯，使其主动去发现和探究现实生活中的一些问题。

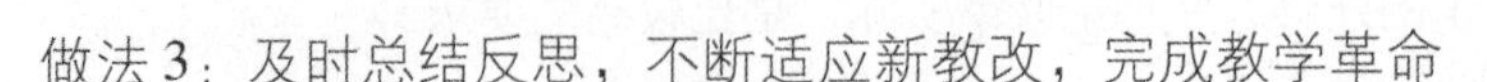

做法 3：及时总结反思，不断适应新教改，完成教学革命

教学是一种艰苦的创造性劳动，课前充足的精心的准备固然是创新的

成果，课后的及时反思同样也是我们创造的成果。“教无止境”，作为一个教师，不懂得反思教学，就不会发现教学过程中不断遇到的新问题，也就不懂得怎样去不断改善自己的教学不足之处，久而久之，就会变得一成不变，课堂教学改革也就回到了原点。因此，每一节课，当我们激情飞扬过后，要进行冷静的反思，并且最好对这种反思进行梳理，整理成自己教学的新体会。

“太阳每天都是新的。”时代的日新月异就是我们面临的第一挑战，教育观念、教学方法、专业知识、业务能力都必须紧随时代车轮，不断地更新、拓展、充实、提高。要勇敢地摈弃旧事物，接受新事物，才能“凭借有限的课堂几十分钟、有限的政治内容，教会学生无限的政治思想、方法和政治以外的各种东西”。

（江苏省南通市栟茶高级中学　张孟云）

4. 巧用“平行教育”的原则，开拓班级心理教育的空间

公社的教育方针概括地说，就是建立合理的集体，建立集体对个人的合理的影响。

——马卡连柯

[摘自《马卡连柯教育文集》，（苏）马卡连柯著，人民教育出版社2005年版]

马卡连柯是苏联杰出的教育家，他在研究了夸美纽斯创立的班级授课制的特点后，提出了“平行影响教育法”。他说：“公社的教育方针概括地说，就是建立合理的集体，建立集体对个人的合理的影响。”他认为，良好的集体必须有共同的目的、一致的行为，必须有正确的舆论、必要的制度和纪律，以培养集体义务感、责任感和荣誉感。在他看来，在教育儿童集体的时候，同时就影响了集体中的每一个成员；在教育个别儿童的时候，同时也就影响了整个儿童集体。

我们班在创建书香班级的开始阶段，有些孩子不参与，我就在班上开展“好书推荐”“名人与书的故事”“我的特色书包柜”等活动，还强行推行“古诗考级”“个性读书笔记”活动，这些活动虽然在细节上没有达到我预想的目标，但孩子们的确在活动中有收获。我得出一个结论：不应当和个别学生说话，而要向大家公开讲话，要采取这样的方式——使每个学生都不得不参加共同活动。

通过活动，我还教育了集体，团结了集体，加强了集体的凝聚力。以后，集体自身就成了很大的教育力量了。我们班的孩子们由漠不关心“流动红旗”到特别在意集体荣誉，每次“流动红旗”、英语擂台赛，甚至每

次集会领导对我们纪律的评价，他们都会对其进行成败分析。因此，成功的班级心理教育活动，更容易使学生的心理产生共鸣，感情得到升华，认知方式得到提升，人际关系更加和谐，从而产生新的以班级为基础的教育作用，形成一个新的教育力量，更好地发挥集体的教育功能。

做法 1：把专业的心理学知识与爱学生的情感相结合

爱是教育的基础和源泉，是教育成功的先决条件，爱应当成为教育的主旋律。每个学生都有自己身心和智力发展的不同阶段，教师的评价对学生的行为有着使其维持、发展或停止的影响。我们教师一个友善的微笑、一个理解的点头、一句鼓励的话语，都对学生的心态及行为有着较大的影响。

对于有些孩子，除了平时的说教以外，还需要运用一些专业的心理学知识，对其进行心理调试和行为治疗。我积极地运用所学的心理学知识进行实践。

季颖是一个成绩优异却又少话的孩子。她很想得到周围同学的认可，但又不会主动去与他人交往，她缺少的就是对自己的信心。一天，在课堂上，她一直低着头而且用手捂着自己的嘴，下课后我了解到她是因为与同学玩耍摔伤。当时天气比较热，她还准备了一个口罩，这对她的伤口是不利的，可不戴又怕其他孩子们笑话。我把她叫到办公室，先是让她自己打电话问医生戴口罩对她的伤口的害处，然后让她找身上有痣的地方，让她说说人们对它的关注情况，接着我找来 14 位同学作了一个调查，把结果给她看。我还让她看我手臂上的伤痕，并且告诉她，我先挽起衣袖让这丑公布于众。到了再次下课我见她时，她已勇敢地放下了手，不再遮掩了。我知道这对于季颖来说真的很难得。为了怕少数孩子笑话她，那些天我和几个同学一直陪她聊天，找些事分散她的注意力。这种带有行为治疗的矫正方法，摒弃了一味的严格说教，走进孩子的内心去从“心”改变，用教师特有的爱，使孩子们更加健康地成长。

做法 2：进行多种形式的心理辅导，关注孩子心灵

创设良好的群体心理，对学生会产生良好的影响。作为新上任的班主

任，我只有深入地了解学生的内心世界，我的教育才能使学生入耳、入脑、入心。因此，我在教育过程中总是采取一种学生易于接受的形式，开展适合学生年龄、有趣味性的活动，在活动中使学生潜移默化地接受教育，培养其健康的心理，促进师生之间的相互了解与沟通。“班级心理辅导”就是一种很好的途径。

个别辅导、小团体辅导和班级团体辅导都是心理辅导的形式。“班级团体辅导”是通过团体辅导活动，让学生了解自己，了解他人并澄清价值观，学习如何处理冲突、如何建立良好的人际关系，发展自信，调节自己的心态等。我根据小团体辅导形式的特点，在班中开设了“成长小组”，将班中问题相同或相近的学生组成一个“成长小组”开展辅导活动，从而更有针对性地、更广泛地解决儿童的心理问题，增强教育的实效性。已经开展过多次活动的“学习指导小组”和“交往困惑小组”，都给不同的学生带去了他们急需的帮助，从这些学生的进步来看，在班中开设“成长小组”切实解决了个别学生的心理问题，创造了整体关注心理健康的良好氛围。

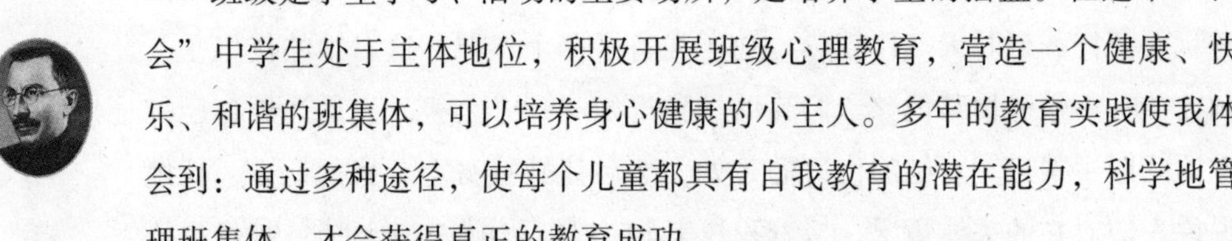

班级是学生学习、活动的主要场所，是培养学生的摇篮。在这个“社会”中学生处于主体地位，积极开展班级心理教育，营造一个健康、快乐、和谐的班集体，可以培养身心健康的小主人。多年的教育实践使我体会到：通过多种途径，使每个儿童都具有自我教育的潜在能力，科学地管理班集体，才会获得真正的教育成功。

（中国龙和国际中国部双语小学　刘　伟）

5. 课堂管理之几招

教师的威信首先建立在责任心上。

——马卡连柯

［摘自《马卡连柯教育文集》，（苏）马卡连柯著，人民教育出版社2005年版］

马卡连柯说："教师的威信首先建立在责任心上。""教师应当善于组织，善于行动，善于运用诙谐，要既快乐适时，又要生气得当。教师应当能让自己的每一举动，都能对自己起教育的作用，并且永远应当知道当时自己所希望的是什么，所不希望的是什么。如果一个教师不了解这一点，那他还能教育谁呢？""要尽可能地尊重一个人，也要尽量多地提出坚定、明确和公开的要求：确定该这样或那样地管理自己。"

现今的教育，对尊重、爱心、平等、自由提得非常多，虽然这些应该提倡，但孩子毕竟是孩子，上学、上课、作业、考试还是需要规矩的，没有规矩何成方圆？

我们对待任何人或事都要求遵守一个规矩，教育教学更要讲规矩、守规矩，要是同学们都没有规矩，就算是最有能耐的老师也无法进行有效的教学，更不要谈教学的质量了。如下面课堂上的偶发事例：

例1：已经上课五分钟了，一个学生报告"老师，他没带书"

现场情景：因为已经上课五分钟了，老师肯定要叫同学们把书本打开，特别是数学课，一般学习例题后，老师会带领同学，试着做书上的"想想做做"题，有个学生没带书怎么办呢？让他坐着休息？太可惜了，老师只能把自己的教本给他，说："你就做在我的书上吧。"

分析：大家都知道，数学不是学出来的，而是做出来的。这个学生没带书，该做的没法做，方法怎么能得到巩固？解题经验怎么形成？总不能让他白白休息半节课，那样的话就相当于缺课，课后还要帮他补，不如叫他做在老师的教本上，碰到这样的事也只能这样处理。教师决不能随他去，随他去就等于放弃。

措施：下课后，老师应该立即向该学生问明原因。如果是因为昨晚做家庭作业后，忘记把书本放进书包里的话，老师就应该批评、教育该学生："你做完家庭作业后，应该把书塞进书包并把书包上的拉链拉好，才算完事，否则就会出现今天这样的状况。请想想，你来上课没有书，怎么学习？你一大早来到学校，就一直没有发现自己的书忘带了？如果早发现的话，你完全可以到隔壁平行班里去借用，因为隔壁班这一节是语文课，你知道吗？"如果是因为家长帮孩子整理书包而忘了带书，那就应该教育学生："我们总说自己的事情自己做，你这么大了，为什么还要父母帮你整理书包呢？要不，就不会出现今天这种状况，对吧？"

老师遇上这样的情况，不但要批评、教育这个学生，还要把这个学生所犯的错误告诉全体学生，让所有的学生都知道：在家里完成家庭作业后，一定要把书塞进书包并盖好或拉好拉链，才算真正完成任务。只有让全体学生都知道应该怎么做，做到怎样才好，才可能防止以后再发生同样的事情。

例2：已经上课10分钟了，一个学生直进教室

现场情景：已经上课10分钟了，师生们都在热烈地探讨着问题。这时，一个迟到的学生走进教室。在这有限的40分钟里，上课老师不能立即停止上课，总不能为了这一个学生，而影响另外几十个学生吧；也不能要求这个迟到的学生重新回到教室门外去叫一声报告，更不能停下课来，去问清他迟到的原由；等等。教师只能继续上课，默认、同意迟到的学生大摇大摆地走到自己的座位上去。

分析：教师上课不停下来，允许迟到学生自由进入，等于告诉其他学生可以这么做。那教室、课堂还有规矩吗？如果长期如此，那培养出来的学生长大以后能自觉遵守他所在单位的纪律、制度吗？到社会上能较好地遵纪守法吗？教育者当然不能漠视这个问题！

措施：下课后，老师应该立即向该学生问明白迟到的原因。当问明情况后，老师要把该生迟到的原因告诉班里的全体学生，并且以此为例，教导学生今后不管是什么原因，既然迟到了，进教室时就该主动喊报告，同时迅速地轻轻地走到自己的座位上参加学习，下课后再向老师补假。教师要把这种特殊情况，努力形成一种新的常规，即：迟到的学生既不能漠视纪律，自由进入，不能影响正常的上课；在上课的同学发现某学生因迟到而晚进教室时不要觉得奇怪，应该继续学习，千万不要因他而分心。只有让班内学生见此不怪，才能很自然地、不中断地上课、学习。唯有如此，在教育迟到者的同时教会全体学生，才能形成一种新的良好的常规。

例3：已经上课15分钟了，一个学生报告“老师，我要上厕所”

现场情景：因为已经上课15分钟了，老师带领着学生正在认真地分析课文，同学们还争着举手，正想对刚才同学的发言进行补充、纠正时，突然，一个学生说要上厕所。老师没办法，总不能不让他去。老师不忍中断讲课，要求同学们继续上课，以点头示意，同意他去上厕所。

分析：教师为了珍惜课堂时间，在继续上课的同时点头，同意学生在课上去上厕所，就等于告诉其他学生可以这么做。那今天有人要去、明天有人要去，甚至一直有人要这样，教室、课堂还有规矩吗？如果长期如此，培养出来的学生能成为优秀的人才吗？因此，对此现象，教育者是不能忽视的！

措施：下课后，老师应该立即向该学生问明原因。如果该学生因为贪玩，课间没上厕所，而课上提出的话，老师就该严肃批评，并且要该生在班级里向全体同学承认错误，以防他人效仿。如果该学生因生病拉肚子，老师非但不能批评他，还要关心、爱护、帮助他，必要的话送他去医院治疗。如果该学生是因为在课间赶作业，没来得及去厕所，老师就应该跟他讲清道理，让他知道：“作业虽然要及时完成，课间赶着做作业虽然不错，但要充分估计自己要不要上厕所，像这次课上报告要上厕所，不但影响了自己的学习，还影响了全体同学的学习，这多不好啊。你自己虽然只是喊了一声报告和上厕所时少学了一点，但对全班同学来说，50 个人，从听到你喊报告，看着你从座位上走到讲台，走出教室，到大家重新静下心来学习，如果我们把这个过程算作一分钟的话，那 50 个人就被你影响了共 50 分钟，你说你这一举动的损失有多大!”

教育了该学生，还要把这个理告诉全班同学，让大家牢记，课间的准备一定要充分（不但是书本和学具，包括上厕所都必须准备），决不能因为一位学生有一个什么需要，而影响了大家的学习。只有让班内所有学生真正明白了这个道理，才能真正提高 40 分钟的课堂效率。

孩子就是孩子。有了规矩他们能够努力去遵守，但对于没有碰到的和没有经历的事情，他们就缺乏估计的意识和能力。做教师的有责任和义务教育他们，帮助他们从小做好自己的每一件事情，培养他们遵章守纪的意识，要求他们在考虑自己的同时还要顾全大家。争取在人人理解、明白的基础上，形成这些不可缺少的、良好的新常规。只有这样，才能顺利、有效地进行教学。

（江苏省常州市浦前中心小学　袁光仁）

6. 一种新式“聚餐”

教师必须最大限度地尊重学生，同时也对他们提出最严格的要求，要注意发挥学生的积极性和主动性，使学生集体也能对其每个成员提出一定的委托与纪律要求。

——马卡连柯

[摘自《马卡连柯教育文集》，（苏）马卡连柯著，人民教育出版社2005年版]

无论怎样对学生进行教育，马卡连柯都倡导要发挥学生的积极性和主动性，在教学上同样如此，如果不能调动学生学习的积极性与主动性，往往只能收到事倍功半的效果，但如果能激发学生学习的积极性与主动性，就会收到事半功倍的效果。

在学生的课堂学习方面，我们作了一些尝试。在高效的课堂教学活动中，谁可以做主？从学习是学生的事这个角度出发，我们要走出传统的课堂，在师生互动与生成中，不断地变换主人角色，犹如新式的“聚餐”，只不过这种“聚餐”是一种精神之餐罢了。

课堂是什么？我们从不同的角度，有许多不同的说法，或许有人把课堂看成是教师的舞台，你看教师在那儿潇洒展示；也许有人把课堂看成是学生获取知识的场所，你看不少的学生能获得优秀的考试成绩。然而，从综合性来看，毫无疑问，课堂是知识的汇集、情感的熏陶、心灵的碰撞、理智的成长，如果把课堂说成是教师与学生灵魂的盛宴也不过分，只不过在这种盛宴里，谁又是主人呢？对此有不同的看法与做法，传统课堂中，教师是盛宴的主人，学生是客人，给学生吃什么，怎么吃，吃多少，多由教师说了算，而现代的课堂，却应是一种新式的“聚餐”。

“餐前点菜”。不要以为课堂就是课堂，与课前没有任何关系，优质的课堂离不开课前的认真预习。学生应形成良好的预习习惯，总是自觉地进行预习，预习时要掌握哪些内容，哪些内容是重点，哪些内容又是难点，有哪些自己可以解决的问题，还有哪些自己依然无法解决的问题，与同学交流，向老师提出来，以便老师在课堂上有的放矢地进行处理，这不犹如“点菜”吗?

“餐中互动”。课堂活动中，并不只是教师传授、学生接受的单向交流，也不只是教师提问，与少数优秀学生间的交流，而应是教师与所有学生、学生与学生、学生与教师之间的“一朵云推动另一朵云，一棵树摇动另一棵树”的行动。活动中，一个问题牵动另一个问题，一个问题铺垫另一个问题，问题之间紧紧相连，环环相扣，问题是开放的、灵活的，是富有思考性的，课堂中的每一个人都可以质疑、可以讨论，所有人之间都是平等的对话，每个人都沐浴在真理之光的照耀中，感受互动的愉悦与幸福。这犹如盛宴中的人们，情感交融、美味共享，某一道菜是否好吃，可以众说纷纭，可以达成共识，人人平等，参与其中，乐在其中，做到真情互动。

“餐中生成”。课堂上的内容，必然有的是根据课程内容，参照课程计划预先设计的，精致的预设定然有无穷的魅力，深深吸引课堂上的师生，而没有任何斧凿的痕迹。然而，课堂上的内容又必然不只有预设的内容，预设只是一种设想，只是一种相对的静态，课堂却不能只是忠实地执行预设，因为课堂必然少不了动态生成，谁也无法阻挡自然互动中的精彩生成，我们能感受到心有灵犀、情智升华、相视而笑的境况。一次，我与学生一起学习“人口与人种”的内容，本来人口问题是预设在接下来的一节课学习的内容，然而当我们讨论到人口增长时，就有学生提出了人口增长过快带来了一系列的问题，面对这个生成，我因势利导，让学生充分交流。这犹如盛宴中的美味佳肴，我们固然可以享受预定好的美味，但在享受交流的过程中，我们又为什么不能添加上相互交流到的佳肴，甚至是特色菜呢? 这也是一种“生成”吧。

“餐后回味”。“余音绕梁，三日不绝”并非神话，精彩的课堂也必然能让人久久回味，回味不仅是一种收获，也是一种感受，更是一种延续，又是下一堂课的基础。有形的课堂虽然暂时结束了，但是无形的课堂却在回味中继续。这又犹如盛宴的实际意义，有了感受，谈论收获，从而构成一次完整的盛宴活动。

在这样的新式“聚餐”中，主人的角色并不是固定的，而是处于变化之中，教师在这个环节中是主人，到了那个环节中却成了客人，学生在这个环节中的这一部分是主人，在这个环节中的那一部分却不再是主人。其实，在课堂的盛宴中，谁享受了美味，谁不就是美味的主人吗？当学生享受了美味，就会有较强的积极性和主动性，谁做主有那么重要吗？在课堂学习中，重要的是彼此的互动、相互的默默的感染与熏陶、灵魂的相遇、心有灵犀的成长！

（江苏省兴化市唐刘学校　薛茂红）

吾思篇

假如一个学校里有这样的教师集体，在这个集体里的每个教师看来，全校的成功占第一位，而他班上的成功占第二位，至于教师个人的成功只放在第三位，那末在这样的集体里才会有真正的教育工作。

——马卡连柯

[摘自《马卡连柯教育文集》，（苏）马卡连柯著，人民教育出版社 2005 年版]

学校与管理

1. 学校怎样调动教师的积极性

假如一个学校里有这样的教师集体，在这个集体里的每个教师看来，全校的成功占第一位，而他班上的成功占第二位，至于教师个人的成功只放在第三位，那末在这样的集体里才会有真正的教育工作。

——马卡连柯

[摘自《马卡连柯教育文集》，（苏）马卡连柯著，人民教育出版社 2005 年版]

著名教育家马卡连柯曾说："假如一个学校里有这样的教师集体，在这个集体里的每个教师看来，全校的成功占第一位，而他班上的成功占第二位，至于教师个人的成功只放在第三位，那末在这样的集体里才会有真正的教育工作。"在大力发展社会主义市场经济和从"应试教育"向"素质教育"转轨的今天，怎样抓好这个根本大计，是一个至关重要的课题。笔者对如何调动教师的积极性，推进学校教育管理进行了一系列探索。

探索 1：抓"本"不放，当好教师办学的服务员

教师，是教育工作的主导和学校管理的主体。对于学校管理而言，这

应是根本的指导思想。这一“本”必须以尊敬之心待之。如果脱离了教师，或者教师的作用发挥得不够，要办好一所学校是不可能的。

那么，怎样才能做到尊重教师、依靠教师，充分调动他们的积极性，让他们一起参与办学呢？我在实践中体会到：

首先，尊重教师就是要理解教师、信任教师，及时听取他们的意见和建议。学校的管理者，不应该是“救世主”而应该是服务员，管理就是服务，要是在教师面前高人一等、唯我独尊、盛气凌人，那就会变成“孤家寡人”。领导要正确认识教师的地位和作用，做到一信二靠。“一信”就是充分相信教师在学校工作中的主导作用；“二靠”就是在出台学校具体措施上，要虚心听取教师的意见；平时要及时吸收教师对学校工作提出的批评和建议，紧紧依靠广大教师来完善学校管理的各个层面。即使是在参与听课、评课、教研教改等活动中，管理者也要以“服务员”的身份出现，与人为善，互相磋商，讲究方法，真正做到尊重、信任和理解教师，使自己成为他们的贴心人。

其次，力倡“民主治校”，让教师心情愉快地、积极主动地参与学校的各项管理工作。学校整体是一个系统，管理者和教师便构成了这一系统的两大基本要素。这是辩证统一、相辅相成的。他们之间只有分工的不同、责任的大小、职能的区分，不存在家长式的人际关系。这是为什么呢？因为就教师的工作特点而言，他们所从事的精神性的生产劳动，既有一定的学科分工，又负有更广泛的教育任务，所以对教师进行有效管理的途径是通过对他们的信任不疑，激励他们的工作积极性、创造性。从这个意义上讲，教师积极性的调动，全赖于激发他们确立主人翁的工作态度，从而形成“民主治校”的氛围，沿着党和国家制定的教育方针、政策和法规健康地向前发展。

教师的劳动还表现为劳动过程的个体化和劳动成果的集体化。要全面完成教育教学任务，就必须加强全校教职工的通力合作，如学科间的配合、各年级之间的衔接、后勤的保障等；要充分发挥教师的集体智慧，畅通信息反馈渠道，提倡群策群力，鼓励教师献计献策。要达到此目的，学校领导非经常“沉”下去不可——经常到教室、寝室、办公室、教师宿

舍，了解教师的呼声和管理中的“热点”等，采风“民间”、不耻下问、耳聪目明、见微知著，否则就会出现雾里看花、隔靴搔痒、指挥失当的被动局面。

第三，要关心教师，自觉为教师服务。人民群众是主人，党员干部是公仆，领导在某种意义上讲就是服务员，作为学校的管理者，更要时时处处心里装着教师，为他们排忧解难，关心他们的学习、工作和生活上的各种实际困难。这样，教师才有望解除后顾之忧，全身心地投入到教育教学事业中去。

只要我们对教师真正做到尊重、理解、信赖、关心，教师在工作中就更能充分发挥出他们的聪明才智和主观能动性，我们的学校也就一定能够办得更好。

探索2：“三力”齐施，激励教师办学的潜力

心理学家认为：动机是推动人们活动的内在动力，而动机来源于需要，是需要的反映。美国著名的心理学家赫茨伯格指出：“影响人的工作动机主要有两类：一类是外部因素，即保健因素；另一类是内部因素，即激励因素，诸如责任感、成就感、奖励、上级赏识、成长与发展、对未来的期望等都属于激励因素的范畴。”赫茨伯格认为，激励因素才是激发人工作动力和积极性的根本因素。

管理必须有强大的动力。动力不仅是管理运行的能源，而且是一种制约的因素。没有它，管理就不能有序地运行。在学校管理活动过程中，管理者需通过有效的激励，调动教职工的工作积极性，使管理运行持续有效地进行下去，以顺利实现管理目标。教师的工作动机依然需要自身以外的推动力来激发，这种推动力主要来自以下三个方面。

第一，物质推动力。辩证唯物主义告诉我们，物质是第一性的，物质的存在决定人们的意识。社会主义生产目的是满足人们日益增长的物质和文化生活需要，广大人民群众物质利益的丰富可以刺激个体以更大的热情投入生产和工作。满足教师从事教育教学工作基本需要的衣、食、住、行，是调动教师积极性的无可非议的客观动力。为此，管理中施行的合理的报

酬、适当的奖金、适时提级加薪等物质奖励，都是不可忽视的“杠杆”。

第二，精神推动力。精神推动力主要是职业道德、前途理想、精神奖励。精神动力不仅可以弥补物质动力的缺陷，而且其本身具有独特的威力。而教师职业的特点决定了教师更注重精神上的满足和追求。那么，怎样才能满足教师的精神需要呢？我以为应从以下五个方面入手：

一是应对教师不断加强职业道德教育，培养他们的敬业奉献精神，帮助他们树立高远的志向。同时要在学校范围内实施各种有效的精神奖励，诸如评选先进、表彰、提职、晋级等与教师的工作业绩挂钩。

二是合理安排使用教师。首先校长要做到知人善任。所谓善任，就是使用人才时，做到量才使用，用其所长，人尽其才。对教师合理安排使用，还表现在安排教师的教学任务上。安排合理，不仅有助于培养教师，而且有利于提高教学质量；反之，不仅达不到预期的目的，反而会挫伤教师的积极性。根据学校的实际情况和教师现状，安排教师的教学任务，应注意相对稳定、小型循环、新老搭配、踏步跟班这四个方面。

三是完善教师聘任制度。实行教师聘任制，校长和教师之间除了同事关系之外，还增加了由于聘任所建立起来的契约关系，这种契约关系是建立在自愿和相互信任的基础上的，有利于改善和促进工作。在实施教师聘任时，既要注重学历文凭、专业等级证书、岗位资格证书等硬件，又要注重对教师爱教爱生、乐于奉献精神和教育教学质量的考查，逐步形成一个竞争上岗的局面，并使在岗教师乐教乐育、勤奋工作。

四是任务目标激励。学校在制定中长远目标时，要把这些目标具体化为一个个指标，并分解到每个学科的教师头上去。将这种形式上的任务目标分配到人，易使教师产生责任感，特别是中青年教师从自身的成长与发展、个人前途等方面着想，他们头脑中更容易形成一个强大的压力，并通过埋头苦干、脚踏实地地工作，努力向目标奋进，从而获得一种成就感，这种成就感便形成了教师自身的强大内驱力，从而实实在在地反映在学生身上，实现从精神到物质的飞跃。这对教师来讲是最大的满足，对学校来讲是更好地实现教书育人的目标。

五是委以“重”任，压担子。教师劳动的个体化决定了教师往往看到

自己的多，发现别人的少，很容易出现对自己估计过高，甚至清高、固执等现象。对此，作为学校管理者要善于避虚就实，用人所长，分配适当的工作，给教师创造锻炼和提高的机会。同时，学校要注重选培一批骨干教师，使他们在本职岗位上脱颖而出，承担起学科带头人的任务，以此来激发他们不断进取的自觉性。

第三，信息推动力。高尔基说："我读的书愈多，也就愈使我和世界接近，我觉得生活愈光辉灿烂。"在当今社会中，信息作为一种资源，也被认为是一种生产力。教师的实质就是对人类文化的一切基本信息进行接收、归纳、整理、过滤、加工、传递、传播和再生产。可以说教师掌握的信息越多，其工作动力就越大，工作业绩就越显著。作为信息的传播者和再生产者，如果他们不能及时地、大量地摄取不断涌现的各种新的信息和知识，那么他们的素质就会逐步退化，动力就会衰弱，也就丧失了"传道、授业、解惑"的人师资格。因此，学校要有计划地向教师提供进修学习、校际交流、考察学习、人际交往等接受信息的机会，以满足教师对信息资源的需要。

综上所述，满足教师的任何一种需要，都是由一定时期社会生产力的发展水平决定的。当然，"满足"只能是相对的。在此前提下，管理者要在力所能及的范围内，争取创造条件，尽量满足教师正当的、合理的、可行的需求。但是，满足需要也应该有一个合适的度。在任何情况下，满足需要的激励量不足或过度都不能达到调动积极性的预期效果。

探索3："四弦"协调，弹奏出校园氛围的新乐章

学校不仅是传播科学文化知识的场所，而且也是向新生一代播种文明健康思想和高尚道德情操的园地。良好的校园应该是有主旋律、声调和谐、悦耳动听、催人奋进的氛围，要达到这样的境界，必须具有以下四个方面的基本特征：

一是努力培育一种办学特色。在学校管理中，要在总结成功之道和失败教训的基础上，挖掘学校优势，并逐步形成具有本校特色的管理模式，通过发展学校的个性特色，进而在兄弟学校中独树一帜。具有特色，方能

显示学校的魅力，这好比是一个乐章中的主旋律。

二是形成和谐的人际关系。在教师集体中，如果能发扬集体主义精神，自觉遵守“关心集体，团结互助”的师德规范，一定能使每个教师更加充满活力，使我们的教育工作更加充满生机。因此，我们应十分重视人际关系间这根“和谐”之弦的松紧转拨、适可而止，以声调谐美为度。

三是培养团队精神，发挥依靠教师办学的群体效应。学校在倡导尊重教师，理解、关心教师，发挥教师个人聪明才智的同时，更应注重培养教师协作的团队精神，增强群体意识，使每位教师都能产生认同感和归属感。每一位教师都与学校同呼吸、共命运，从而产生一种内在合力，无论是大弦嘈嘈、小弦切切，还是间关莺语、幽咽泉流，从这根根弦上飞出的每个声符，无不为充分发挥管理的整体效应和功能服务。

四是营造良好的校园文化氛围。校容校貌、师生的衣着穿戴、校园文明用语、教职员工的工作规范、优良的设施配备，甚至教室课桌椅的摆放、垃圾箱的位置等，一草一木皆关情，都是构成校园文化的外在的物质基础，教师身临其境，无不受到熏陶和感染。良好的物质条件，上乘的管理水平，优雅的教学环境，对鼓励士气、调动师生员工的工作积极性起着无声的教育和推动作用。这是一根素质之弦。这根弦的质地直接和间接地影响整个乐曲声调的谐振、谐和与谐美。

按马卡连柯观点摆正教师、班级、学校三者的位置，对今天的学校管理有很强的现实价值。新时代来临，作为一个学校管理工作者在新旧观念冲突中，要尽快完成观念的转变、思维方法的转换，不断端正管理观、教师观，改进作风，提高领导素养，使绝大多数教师在学校感到很有奔头，在精神上有满足感，在心态上有平衡感，在职称上和成就上有希望。从而使广大教师处于一种稳定、向上的心理及精神状态，形成一种不断持续进取的内驱力，使学校的教育管理也蒸蒸日上、欣欣向荣。

（浙江省东阳市六石高级中学　郭更强）

2. 对激励性管理艺术的探讨

集体是一个有组织的群体，它保证个人精神需要的满足和才能的全面发展。

——马卡连柯

[摘自《马卡连柯教育文集》，（苏）马卡连柯著，人民教育出版社 2005 年版]

一所学校办得如何，是生气勃勃、蒸蒸日上，还是如夕阳西落、每况愈下，问题的交接点取决于教师有没有爱校一颗心，建校一团火，兴校一股劲。怎样把教师那颗心“聚”起来，把“火”燃起来，把“劲”使起来呢？怎么使他们忠诚党的教育事业，以主人翁的责任感为建设学校、振兴学校而尽职尽责？我以为，马卡连柯强调“保证个人精神需要的满足”的思想，有利于帮助学校领导运用激励性管理艺术。下面就这个问题进行探讨。

思考 1：要根据教师的需要层级，注意激励的层次性

行动的动力源泉是需要。任何行动无不由一定的需要引起，无不指向一定需要的满足，需要始终是人活动的动力来源，是活动的“发条”。行为科学家认为人的行为无论是个人的行为还是团体的行为都是对某种需要追求的表现，在对某种需要追求的过程中产生出一种具有推动作用的内在心理状态。各级各类学校内部结构按工作对象可分为教学人员和非教学人员；按年龄大小可分为老年教师、中年教师和青年教师。在实际工作中，老年教师有着丰富的教育教学经验，中年教师年富力强，他们是学校教学

教育工作的中坚分子；青年教师思想活跃、想象力丰富、创新意识强，是学校教育教学工作的未来与希望。不同年龄、不同层次，需要不同，这就要求领导注意激励对象的层次性，因人而异。

第一，关于对老年教师的激励。老年教师从事教育工作几十年，有绩效体会，有失败教训，对学校教育教学工作及学校管理能清楚地分辨出哪些是值得坚持的正确方向，是需要弘扬的，哪些是需要迅速克服的弊端。如果学校领导经常和他们接触，询问一些情况，征求一些意见，让他们提出一些治校、管校和兴校的方法措施，发挥智囊作用，他们的情感就会得到满足，心理就会平衡。学校领导要真诚地把他们当成办好学校的依靠力量，积极稳妥地让他们参与管理，把他们的积极性充分调动起来。老年教师在需要层次上，主要表现为尊重需要，需要尊重他们的资历、尊重他们的经验、尊重他们的建议。同时，他们还需要领导将一批青年人交给他们，让他们当导师，传经验、帮思想、带业务，在他们退离休之前，把青年扶上马，送一程，使他们在事业上后继有人，有寄托之感。总之，老年教师解决问题深思熟虑，大事能献计献策，小事能指点迷津，是学校的宝贵财富，学校领导应以极大的热情尊重他们，信任他们，满足他们的需要。

第二，关于对中年教师的激励。中年教师一般在35至45岁之间，正值“而立之年”“不惑之年”，论经验有一定的积累，论教训也有一定的体会，这一阶段他们的优先需要是事业成就感，主要表现在以下三个方面：一是自己的事业成就，需要社会和单位、同行的认可。“成就”是人们工作追求的目标、生活的动力，一个有明确生活目标的人总是把获得成就看得最为重要，教师是成就感最强烈的人。学校领导要想办法、出主意给教师创造环境，让他们早获成就，并热情鼓励他们多出成就。有些成就是潜成就，有些是显成就，学校领导要引导教师发现自己的潜成就，使他们认识到自己工作的社会性，进而产生直接的工作动力。二是利益上的表现，精神鼓励往往和物质激励是联系在一起的。教师对调级、职务晋升的问题非常重视，因为它直接与政治表现、劳动态度、业务水平、贡献大小和地位级别有关，包含着复杂的精神因素，同时在商品经济社会，适当考虑物

质成分也是正常的、合情的。如果领导给予他们适当的物质激励，不仅能使他们在精神、心理上获得满足，还会使他们体会到自己工作的社会经济价值，同时，根据实际情况解决夫妻分居、照顾老人、子女入学、家属就业困难、住房改善等问题，对激发他们的工作热情也有重要作用。三是政治上的反映，生活在社会主义制度下的教职工都有明确的生活目标，重视自己在社会中的地位和领导在政治上对自己的评价。中年教师尤其为政治生命的获得而不懈努力，比如入党问题，如果学校领导，特别是党支部领导能够不失时机地关心他们，帮助他们实现多年的夙愿，将会振奋他们的工作精神，激发他们事业的积极性。

第三，关于对青年教师的激励。青年教师初出茅庐，对工作总是雄心勃勃，豪情满怀，但由于缺乏工作和生活经验，往往出发点好，动机正确，有些事情却恰恰事与愿违，出岔子，捅娄子，这使他们诚惶诚恐地审视领导对他们的态度，揣度领导对他们的评价，思考领导对他们的印象，估计领导对他们的任用对策。这时学校领导要积极创造条件让他们在文化业务上施展才华，在教坛上一步一个脚印。比如开展“青年教师优质课”“教工新秀”的评选活动，鼓励青年教师大胆进行教学改革，探索教学规律。对优胜者颁发校级优质课证书，作为晋升、评优的依据，调动他们开展教学研究、苦练教学基本功的积极性。我想对青年教师的激励有三个问题值得注意。其一，要积极奖励，但要防止盲目吹捧。现实生活中，有的同志不敢也不愿意奖励青年人，认为他们“嘴上无毛，办事不牢”，不成熟，不稳重，搞不好会摔跟头，所以不轻易奖励。应该承认，青年人在某些方面可能不成熟，有时候也可能“翘尾巴”，但是不能因此而采取收缩奖励的政策。管理心理学认为，奖励这种正强化的手段在人们成长过程中起着催化作用，有利于加速人才的健康发展，至于“翘尾巴”，只要正确引导，就可避免摔跟头。任何对青年嫉妒、压抑的认识和行为都不利于人才的茁壮成长，并且将使学校死气沉沉，枯竭有生力量，贻误事业发展。同时，对青年的褒奖要适度，过量的夸誉也会毁坏人才。其二，要端正几个认识：一是论资排辈，在评选、发奖、晋级、提干、入党等方面总是先照顾老年，再考虑中年，剩下的才是青年，认为反正青年人还年轻，以后受奖的机会还多；二是求全责备，认为激励的对象皆属高、大、全三位一体的完人，往往抓其一点，死抠不放；三是唯听者奖，有的领导为了维护自己的尊严和威信，有时也实行“顺我者昌，逆我者亡”的政策，对一些工作有能力，爱提意见，敢于发表独特见解的青年人横竖看不惯，视其为不听话，给予其种种非难。学校领导对青年教师更应胸怀大度、宽容待之，而不可感情用事，不能让非正确因素遮掩自己的视野，扰乱自己对同志的求实评价，更不能戴上有色眼镜，处处挑剔，否则会使这个组织零乱涣散、丧失战斗力。总之，青年人有精力上的优势，有知识上的优势，如果激励正确、得当、适度，对学校整体管理和未来发展有着特殊意义。

思考2：要根据工作实际，注意激励的两面性

诸葛亮在《出师表》中说道：“陟罚臧否，不宜异同。若有作奸犯科及为忠善者，宜付有司，论其刑赏，以昭陛下平明之理。”意思是：提升、处罚、表扬、批评，不能因人而异，如果有干坏事、犯国法和做忠心为国的善事的，要客观公正地给他们处分和奖励。这段话启示我们，学校领导对教师的激励，要注意两面性，即正面和反面的。

对于奖惩激励的运用，要因时因事，不能统而论之。主要注意以下几个问题：

第一，注意奖惩的公正合理。这就要求以功过作为实施奖惩的依据，受奖者要确有受奖的功绩，受惩者要确有应惩处的过错，要奖得合理，罚得恰当。“赏无度则废而无恩，罚无度则戮而无威。”奖惩绝不可以滥用，奖赏太滥则无人重视；惩罚太滥则无人畏惧，只有赏罚适度，才会有效果。同时，我以为奖惩公正，还要坚持在纪律面前人人平等，对于一切违反纪律的师生员工不论职位高低、资历长短，一律平等，学校领导尤其要有敢于碰硬的精神，对于“硬人”不能回避，不能“吃柿子拣软的捏”。如果领导屈服于“硬人”，那就会失去民心，失道寡助。

第二，奖惩的过程是动态的过程。唯物主义哲学观告诉我们：事物是运动、变化的，总是通过自身内部矛盾斗争推动事物不断向前发展。事物在变化，人亦在变化，学校领导在奖惩问题上不能把眼光老盯在几个老先

进或老后进身上，如果长期如此，群体的积极性就会被压抑，学校全局性工作就会有损失。因此，学校领导要多深入实际，对每一个教职工的闪光点要及时肯定，及时反馈，假若学校领导能对每一个教职工每一个阶段的每一个表现心里都有一本账，会使教职工的工作热情持续受到鼓舞，会使他们潜心自励，不懈奋进。

第三，奖惩结合，以奖为主。奖励和惩戒是人事管理工作中相辅相成的两个方面。如果只奖不惩，就会影响奖励的效果；如果只惩不奖，就会削弱惩戒的教育作用。值得强调的是，奖励是一种有效的管理方法，它比一味批评、责难惩罚的效果好、作用大，学校领导应该以奖励积极因素为主，惩戒消极因素为辅，把出发点和着眼点放在奖励上。奖励之所以比惩罚更重要，是因为奖励能够最充分地发挥人的潜在能力，使受赏的教职工从组织的赞赏中看到人生的价值，从同志的确认中看到自己的成就，这是一种极大的喜悦与满足。在实际生活中，积极因素总是主流，总是占大多数。多鼓励积极因素，不仅可以使先进人物增强责任感、光荣感，还可以为员工提供楷模，使之学有目标，行有方向，推动教育教学工作，形成良好的校风、教风、学风。

思考3：要根据总体效应，注意群体性激励

怎样做好群体激励工作呢？马卡连柯的这一观点对我启发很大：“集体是一个有组织的群体，它保证个人精神需要的满足和才能的全面发展。”具体操作中，我遵循以下几点：

第一，要注意群体间的平衡性。一个单位总是由多个基本群体而构成的大群体。从学校管理体制和组织结构看，有教研组、教导处、总务处、政教处，班级之多、部门之细，因此学校领导无论在平时表扬，还是在期中、期末、年终评比采用激励手段，都要相应照顾到各部门、各层次（不是大锅饭、平均主义），考虑方方面面，使各班级、各部门产生自己的荣誉感和自豪感，显示自己的才能，展示自己的力量，表现自己的独特风格。如果注意了激励的整体性与全局性，群体心理得到满足，产生“亲合力”，挖掘智能潜力，就可以承受负荷，夺取各项工作的新胜利。可以说，

什么时候学校领导注重了群体层次性激励，什么时候工作就会勃发生机。

第二，注意群体间激励的和谐性。有这样一种情况：受表扬的群体沾沾自喜，认为自己什么都好，而认为别的群体什么都不行，一花独放；而被冷落的群体则自暴自弃，对好的东西、先进的东西视而不见，听而不闻，采取“无所谓”“没什么了不起”的态度，造成了先进与后进的两极分离的心理相背局面。如果一个单位到了这种窘境，激励的手段与作用就会出现反比现象，即激励的规格愈高，作用愈小，失去凝聚力和感召力。这时，学校领导应尽快找出这一问题的症结，分析原因，解决矛盾，注意做好上下、左右、前后的协调工作，培养教职工与学校同呼吸、共命运的精神，尽量减少内耗，使群体间和睦相处，配合默契，离心力变成向心力，并在此基础上向先进群体提出更高的要求，同时鼓励后进群体增强信心，朝着可行的目标前进。

激励性管理既是学校领导进行教学教育管理的方式，又是学校领导对人、财、物、时、信（信息）管理的艺术。说它是管理方式，是因为它能利用这一工作途径去计划、组织、协调、控制、检查各项工作并取得极大的工作效率，完成党和人民赋予的教育任务；说它是艺术，是因为通过激励手段，能达到管理的最佳效果，收到 1 + 1 >2 的优化效果。

（湖北省十堰教育学院　陈必发）

3. 农村中小学学校文化建设的症结及突围对策

任何东西也不能像传统那样巩固集体。培养传统、保持传统是教育工作最重要的任务。

——马卡连柯

[摘自《马卡连柯教育文集》,(苏)马卡连柯著,人民教育出版社2005年版]

学校文化建设是学校的无形资产,与学校的办学质量连接在一起,是学校重要的可持续发展要素之一,对整个学校的生存和发展都具有指导意义。近几年来,农村中小学在教育改革中为全面提高学生的素质进行了不少有益的探索,取得了一定的成绩。然而,农村中小学由于各方面的原因,在学校文化的建设上,还存在一些应该引起我们重视的问题。

苏联教育家马卡连柯曾说:"任何东西也不能像传统那样巩固集体。培养传统、保持传统是教育工作最重要的任务。"虽说随着时代的发展一定会有新的思考,但学校文化不能不传承。如何传承呢?这就需要了解农村中小学学校文化建设的症结所在。

症结1:农村中小学的文化建设投入不足

在农村,校长、老师应该是先进文化的代表者和传播者,身上肩负着传播先进文化的重任。文化建设,重在建设。而建设,需要人力、物力和财力的投入。投入不足,是造成今天农村学校在文化建设上落后的一个不可忽视的重要原因。

(1)人力投入不够。现在的农村学校规模越来越小,学生少,老师少，但“麻雀虽小，五脏俱全”，每门课都得开齐。因此，每个老师，一个星期上几十节课，一天到晚都待在教室，哪有那么多时间和精力思考文化建设？学校教师虽已配足，但配备不科学，青年教师数量多，经验不足，历史、地理、生物、艺术、心理等方面的教师严重欠缺，加上地处农村，教师流动性大，学校文化建设工作难以科学有序地长期开展。

（2）物力和财力投入不够。社会发展到了今天，学校文化建设越来越讲究时代性或超前性，这些都需要资金投入。可农村哪来那么多资金投入？由于在“普九”时期很多学校欠下了大量债务，现在实行“一费制”后，有些资金又难以到位，学校哪来的财力？

症结2：农村中小学的文化建设观念内容陈旧

（1）观念陈旧。部分教师、个别领导认为学校文化就是校园风气，学校文化建设就是搞活动，学校文化就是校容校貌，学校文化建设是一个形象、一个模式，缺乏应有的个性。有些农村学校，由于校长、教师的见识较浅等原因，在进行学校文化建设时，往往将复杂的问题简单化了。一谈到学校文化，仿佛就是写几句标语，出一两块黑板报。所以，要是走进一些学校，特别是小学，校园里，除了一两句标语、口号外，基本上感受不到什么文化气息，更谈不上享受现代文化的浸润。

（2）内容陈旧。与时俱进，是我们国家进行社会主义文化建设的重要指导思想。密切联系生活，关注社会发展，一直都是国家文化建设的一项重要内容。学校文化建设自然不能例外，应该把最先进的文化、最先进的思想引进校园，让师生最先感受到时代先进文化的气息。可是，今天农村中小学依旧保留了一些与时代相隔膜的东西。甚至在一些办学历史比较长的学校，陈旧的标语、口号几乎比比皆是。这些道出了一个事实——农村学校的文化内容太落后了！

症结3：农村中小学精神文化缺失

精神文化是学校文化的核心，是学校的灵魂，主要包括学校历史传统和被全体师生员工认同的共同文化观念、价值观念、生活观念等意识形态，是一个学校本质、个性、精神面貌的集中反映。校园建设包括学校的管理理念、价值观念、办学思想、学校精神等，它是学校文化中精神文化的内涵，是学校文化的核心内容，是学校的巨大精神财富，是推动学校前进的精神力量。由于传统“应试”教育的影响，不少农村小学仍然笼罩在应试教育的阴影中，素质教育喊得惊天动地，应试教育搞得扎扎实实。课程改革已经在全国各地广泛推广开来，但传统的应试教育在人们的思想中根深蒂固，且不少农村中小学教师的文化知识层次达不到课程改革的要求。用新课程进行着传统的应试教育，穿新鞋，走老路。教师得不到发展和提高，学生的个性得不到彰显，创新潜能被扼杀，农村中学学生辍学现象严重。学校精神文化中缺乏凝聚力、向心力、活力和创造力，广大师生员工没有劳动的积极性、主动性、创造性。

针对上述症结，我认为农村中小学文化建设有以下几个突围对策。

对策1：准确定位与保证投入是前提

学校文化是学校的重要特征，学校没有文化，也就失去了存在的价值和意义。首先，好的学校要像家园那样充满亲情。学校是家庭的延伸，学习、活动、人与人的交往、合作，融入亲情，才有可能坦诚、深刻、有意义。在亲情中，问题容易化解，教师和学生的精神世界能够得以升华。其次，好的学校要像花园那样美丽。学校不是花园，但它应当像花园那样整洁，那样有序，那样美丽。再次，好的学校应当是生动活泼的乐园。学生只有在愉快的氛围和环境中才能迸发激情，学校有歌声和笑声，才会有成长的快乐。基于此，农村校园文化的创建，一是要有方向性原则，要坚持以科学的理论武装人，以正确的舆论引导人，以高尚的精神塑造人，以优秀的作品鼓舞人。二是在“软、硬”环境的建设中，要舍得人力、物力、财力、精力的投入，要有资金保障和计划安排，对设施条件的达标、人文景观的布置、安全措施的健全都要周密筹划。三是要大力借助社会力量支持，广泛发动校友、社会乡贤参与校园文化建设，以使各种因素形成系统的合力，积极稳妥地推进学校文化建设。

对策 2：提高认识，加强领导，总体规划是关键

学校文化是客观存在，可以说各个学校都在一定程度上有意无意地开展学校文化建设。问题是有没有将学校文化建设提到教育改革、素质教育的高度来予以重视和引导，从而进行总体规划和科学管理，使学校文化建设从无序到有序，从盲目到自觉。

（1）以提升意识为前提，重视指导、开发和发展。学校文化建设工作的成功，第一要素就是领导的重视。领导重视应该是具体化的，如班子的配设、队伍的培训、财力的支持等，都要到位。班主任老师、科任老师以及各部门要高度重视，通力合作，全员参与。要开发和利用学校的广播、校刊等，形成文化阵地。

（2）以充实活动文化为抓手，丰富学校文化建设的阵地。在校内把升旗仪式、校会、晨会、班会、专题教育作为学校文化生活的常规活动；指导学生参加读书征文比赛，组织书画摄影活动，举办心理讲座等；组织多姿多彩的课余活动展示学生的青春活力和个性特长，激发学生无穷的想象力和创造力，促进学生素质全面的提高；修炼礼仪文化，倡导文明礼貌用语，开展尊师爱生活动，建立良好和谐的师生关系，发挥班级环境的熏陶作用，共同营造良好的班风、学风、集体舆论、文化氛围等；组织参观爱国主义教育示范基地，定期观看爱国主义教育影片，开展有组织的班、团、学生会活动，培养学生的自我教育、自我管理能力和集体主义精神，在活动中校正观念，在实践中认同价值，在学习生活中完善自己的人格。

（3）以教育实施过程为纽带，形成优良的校风、教风和学风。倡导教师注重学生的学法指导、注重发散性思维的训练、注重知识的扩展延伸；教学过程以启发式、讨论式、学生的探究性学习为主；在教学的流程管理中，强调精心备课、精心上课、精心设计练习、精心批改作业、精心辅导学困生、精心组织考试。指导学生形成良好的求学态度和方法，在长期的学习过程中形成良好的学习习惯、生活习惯、卫生习惯、行为习惯，从而形成勤奋、求实、上进的校园风气。

（4）以制度建设为保障，促进学校文化建设的有效实施。制度建设是为了保障学校教育有章、有序、有效地进行，其目的是先用制度来强化，

而后用文化来内化。制度要全面涉及学校管理的各个方面，内容要具体明确，操作性强；纪律要严明，赏罚要分明。要做到加强学习，抓过程管理、抓内化自律，从而形成自我激励、自我约束、自我管理的制度文化，营造一种公正、公平、积极向上的氛围，促进学校文化建设的有效实施。

对策3：追求创新和传承是保证

（1）学校文化建设的创新。现在农村中小学教师布置强调统一规范，岂不知过分的统一容易使人感到呆板、枯燥，又压抑了班级学生的个性，限制了创新能力的发展。创新与实践能使人性得到充分的张扬。一个人有了个性，社会才能记住他；一个学校有了个性，才具有生命活力。因此，在学校文化建设中，不需要统一的尽量不要统一。应多根据学生的身心发展特点、年龄特征、班风，创新设计文化建设的内容等，使学校文化建设呈现多样化。

（2）学校文化建设的传承。有些农村中小学领导追求创新，一旦有新的想法，往往就废弃原来的传统。岂不知一所学校不断变更自己的文化理念（尤其是校园精神），对于学校文化建设来说，也是灾难性的。“学校文化从概念的界定上来说，是在一定的社会历史条件下，一所学校在教育、教学、科研、管理以及其他活动中，根据学校自身的实际情况，经过倡导、培养和巩固，逐步形成的观念和行为方式的总和。”这种观念和行为方式（主要体现在校风、校训、办学理念等方面）被巩固和保持下来就会成为学校的优良传统，传之久远而不衰，产生巨大的社会效果。

总之，学校文化建设是一项庞大而复杂的系统工程，需要全员参与，全方位配合，经过长期、艰苦的努力才能收到一定的成效。学校必须要树立科学的发展观，采取切实有效的措施，统筹协调，将学校文化建设渗透于教学、科研、管理、生活及各种校园活动中。同时要树立全员共建意识，发动全体教职工和学生共同努力，矢志营造良好的校园文化氛围，使学校文化建设真正成为实现学校跨越式发展的强大推动力。

（广东省常德市桃源县漆河镇中学　蒋俊杰）

4. 学校应当领导家庭

学校应当领导家庭。

——马卡连柯

［摘自《马卡连柯教育文集》，（苏）马卡连柯著，人民教育出版社 2005 年版］

教育学家马卡连柯在论述学校德育与家庭教育的关系时有一个简洁而鲜明的观点，那就是："学校应当领导家庭。"这一教育思想对于我们搞好学校德育同家庭教育的主动性衔接，有很大的理论意义和现实意义。

笔者认为，学校德育与学生的家庭教育应该是有机衔接的，离不开家庭教育的配合。学校的管理人员和教师要积极主动地做好学生家长的工作，指导家庭教育，帮助家长及有关家庭成员端正教育思想，改进教育方法，促进家庭教育与学校教育达成一致，共同把育人工作做好。

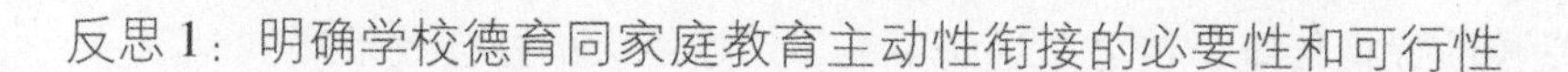

反思 1：明确学校德育同家庭教育主动性衔接的必要性和可行性

学生的思想品德教育不同于其他学科教学，它受社会尤其是家庭因素的制约特别明显，我们常常看到这样的现象：学校教育学生花了大气力，但由于与家庭教育不相一致，结果事倍功半；而一旦家庭教育配合学校教育，则能收到事半功倍的效果。这是因为青少年学生长期生活在家庭中，同家人朝夕相处，家长的一言一行都起着言传身教和人格示范的作用，加上父母与子女的血缘关系及子女在生活上、经济上对父母的依赖关系，使子女常以父母为自己的榜样，使家庭教育最有感染力和影响力。而学校教育毕竟只是通过课堂教学及有限的课外辅导活动进行，许多思想品德教育

的实践性环节要在社会特别是“家庭细胞”中完成，家庭教育对儿童品德的形成有着巨大的影响。

近些年来，城镇独生子女家庭占绝大多数。大多数家长是重视子女教育的，但都偏重于把精力花在辅导子女的文化学习上，热衷于对子女课外技艺性的训练和智力投资，如学习钢琴、电子琴、小提琴、手风琴等乐器，或是学习英语会话、打字等，而在培养子女独立的生活技能、良好的生活习惯和劳动习惯、优良的道德品质、完善的个性等方面普遍不够重视。有的家长勒紧裤腰带请了家庭教师，教 3 岁的儿子学外语，有的每月拿出百元教女儿练书画、钢琴……但从不进行艰苦朴素的教育，儿女刚学会走路，就不惜重金为其购置贵重首饰；不进行尊老爱幼教育，儿子小小年纪，就“唯我独尊”，成了家里、邻里的“小霸王”。家庭中这种德才教育一轻一重的状况，对学校全面贯彻教育方针很不利，也背离了我国优良的家教传统。历史上孟母为防孩子“近墨者黑”，不惜三迁其居；岳母为激励岳飞“精忠报国”，竟然刺字于子背，树立了“育人重德”的典范。社会主义的教育要求学校育人重德，也同样要求家庭育人重德，这是毫无疑义的。正如苏霍姆林斯基所说：“只有在这样的条件下才能实现人的和谐的全面的发展，即两个‘教育者’——学校和家庭，不仅要一致行动，要向儿童提出同样的要求，而且要志同道合，抱着一致的信念，始终从同样的原则出发，无论在教育的目的上、过程上还是手段上，都不要发生分歧。”

家庭教育与学校德育相衔接不仅是必要的，而且是可行的。因为教师有爱学生之心，更有爱子女之心，特别是独生子女的家长，更视子女为“掌上明珠”，望其今后成为德才兼备的有用之人。家长总是希望自己的孩子有认真负责、能教善导的教师，并总是欢迎教师与家长联系，希望了解学校的教育情况，乐意配合学校进行教育。特别是家长在教育子女中遇到困难，更急切地希望得到学校和教师的帮助。有时觉得孩子“不听话”“品行坏”“教不了”之后，简直把学校和教师当作“神明”和“救星”。这是学校和教师做好家长工作的基础，是学校德育与家庭教育有机衔接的可行性条件。

反思2：帮助家长克服家教中的不良倾向，实现与学校德育的一致性

由于种种主客观原因，当前家庭教育中有一些不良倾向，给家庭配合齐心协力做好学生的思想品德教育工作增加了难度，需要家长尽快意识到，从而积极主动地加以克服；更需要学校和教师多多参与家庭教育，科学地引导家长，共同提高育人水平。

第一，克服家教中的超前倾向，同德育的循序渐进原则相一致。

许多家长都着眼于一个“早”字，在智力发展上，希望越早越好，恨不得孩子一步登天。对孩子的需求是有求必应，甚至不顾家庭的经济条件，把小提琴、钢琴甚至电脑一股脑儿堆在孩子面前。这些东西固然对丰富儿童的生活、开发儿童的智力有帮助，但过分追求就会弊多利少。儿童终日迷恋，无心其他，影响全面发展，还会导致儿童形成强烈的物质欲和占有欲，或者由于过分的物质刺激而产生厌烦，失去对同类事物的兴趣和热情。所以，家庭教育应像学校教育那样“因材施教、循序渐进”，遵循适应原则，适应儿童的实际情况，一步一个脚印地进行智力开发，而不超越其身心发展的可能，企图一口吃成个胖子。

第二，克服家教中的专制倾向，同德育的疏通引导原则相一致。

家庭教育既然是教育，就具有教育的“双边”活动的规律。教育能否产生预期的效果，不但要教育者善于教，还要受教育者乐意接受，而能否接受却常常取决于教育者的态度。家庭教育尚存的一大弊病在于带有专制色彩的“家长作风”。有的父母一味相信“棍棒底下出孝子”，动辄打骂；有的父母总以为自己正确，老爱训斥，甚至讽刺挖苦，刺伤子女心灵中最敏感的部分——自尊心，因而导致子女内心反感，反抗心理激化，从而加剧矛盾。正确的态度是家长和子女在人格上保持平等，对子女思想问题进行疏通、引导，即让子女发表不同意见，把话倒出来，从而有针对性地进行说服教育。摈弃了“老子”式的“我说你听”“我打你通”的强迫命令，家庭教育才能成为真正意义上的教育。

第三，克服家教中的陪伴倾向，同德育的启发自觉原则相一致。

家教中的陪伴现象包括陪读、陪学、陪玩等，其中以父母陪子女读书

最甚。北京市朝阳家教中心学校对300名中小学生家长作过一次调查，其中有282名家长负有陪读任务，约占总数的94%。每当华灯初上，在北京、上海等城市的一个个小家庭里，几乎都可以看到家长陪着子女做作业的情景：或释疑、或解难、或检查，直至在子女的作业本上签上自己的大名，才算完成一天的陪读任务。还有琴棋书画方面的陪学，父母扛大琴、背画夹，不怕路途迢迢，不顾刮风下雨，次次照陪不误。这种陪读、陪学的做法，养成了子女的依赖性。子女一旦进入学习和工作的"真空"，便难以自理自立。据上海市一份统计材料显示，考入复兴、向明、格致等市重点中学的学生中，靠陪读制胜的只在少数，多数学生都是靠持久的学习自觉性取得成功的。启发和培养学生的自觉性，不仅是学校德育的重要任务，更为家庭教育走出误区之必需。

第四，克服家教中的监视倾向，同德育的理解信任原则相一致。

不少家长在子女渐渐长大后，"专制"行不通，"陪伴"又不受欢迎的时候，往往又走入放心不下、处处监视的误区。孩子单独外出，总爱尾随盯梢；女儿收到来信，恨不能用潜望镜探视；有的竟擅自拆阅孩子的信件，偷看孩子的日记。这与德育中理解、信任的原则不符。多变，是渐渐长大的青少年的特征，这个过程充满着矛盾。随着独立意识的增长，他们既想摆脱父母的过度抚爱，又怕经验不足而失误，以至有许多特殊的想法，既希望倾诉，又担心暴露隐私被嘲笑。因此需要家长增强与子女平等的意识，像知心朋友一样，在日常生活中了解和掌握子女的心理动态，采取尊重的态度，对子女的异常言行细心委婉地加以引导，提供良好建议，多用侧面提醒和暗示的方法，激发其自我认识，使其养成自我控制的能力。

第五，克服家教中的无为倾向，同德育的严格要求原则相一致。

家庭教育除了过度和变态倾向之外，也存在着"无为而治"、放弃施教的现象。这主要表现为父母对儿童的放纵、迁就和姑息。有的家长信奉"树大自然直"，因此放纵子女，任其自流；有的父母因自身素质差或工作忙，无力或无暇顾及对子女的教育；还有的认为"教"完全是学校的责任，家庭只负责"养"就行了。因为这些家长有意无意地放弃了对子女进行科学教育的责任，所以在日常生活中就很少关心、了解孩子，一旦子女出了问题，更感到无能为力。这些家长应树立自觉育儿的高度责任感，明白“养不教，父之过”和“严是爱，松是害，不管不教要变坏”的道理，以育儿为己任，切实把家教的担子挑好。

第六，克服家教中的学校化倾向，同德育的愉快教育原则相一致。

据调查，在当今的幼儿、小学生以及初中生的家庭教育中，存在着严重的学校化倾向。小学一年级入学新生中，至少有60%的学生在学前接受过所谓的正规化教育。许多望子成龙心切的父母提前向即将入学的儿童讲授小学一年级的课程，不少一年级小学生入学前已经掌握了不少汉字，但汉语拼音并不过关，写字笔画顺序很不规范，老师纠正起来很困难。一些对孩子寄予厚望的家长还主动拿起课本，买来教师专用的备课参考书，充当起孩子的“第二教师”。一些家庭思想教育也太“正规化”，或面对面正襟危坐上课，或滔滔不绝、无休止地训话，或一次又一次地逼写检讨书。须知教育宜在轻松愉快的气氛中才有更佳的效果，正规化的学校尚且要施行愉快教育，温馨的家庭中更需要愉快教育。家庭教育的气氛应民主、和谐、活泼、愉悦，各种教育性的活动应尽量让孩子自主地参与，以主人翁的姿态出现，在自我管理、自我服务中实现自我教育。

反思3：把握学校德育同家庭教育主动性衔接的方式方法

怎样搞好学校德育同家庭教育的主动性衔接？按照马卡连柯“学校应当领导家庭”的思想，要求家庭教育认真服从学校教育，服从学校教育的主导地位。学校教师和管理人员则要强化自己专职教育者的角色，积极主动地去搞好同家庭教育的结合。具体方式方法如下：

其一，“调查摸底”式——事先了解学生家庭情况。

为了搞好与家庭教育的衔接，学校教师特别是班主任要细心查阅学生档案及有关家庭情况的材料，了解每个学生的家庭住址、家长姓名、职业、工作单位、休息日、经济收入等基本情况。通过与学生的谈话等，进一步了解家长的个性、特长、兴趣、爱好等，发现问题，及时引导帮助。例如，有个学生家长酷爱饲养信鸽，爱鸽胜于爱子，业余时间大多花在养鸽上，放弃了对孩子的教育。班主任了解这一情况后，因势利导，请这位家长到班上作驯养信鸽知识的报告，还请他探讨怎样处理业余爱好和工作、学习的关系。这不仅教育了学生，也教育了家长自己，以后他再也没有放松对子女的教育了。

了解学生家庭情况还应包括家庭成员间的突出关系及对学生的影响，了解学生家庭与邻里的关系、环境特点及给学生带来的影响，以便在同家长共同实施教育时扬长避短。当然，在了解上述情况时，教师要研究方式方法，避免有损家长自尊心的询问，尊重他人的隐私权，以免引起家长的疑虑和不满。

其二，“走出去”式——经常进行家访。

家访是经常性的也是最主要的联系家长的渠道，是学校德育和家庭教育衔接的极好方式。教师通过家访，不仅可以与家长互通情况、交换意见，有的放矢地因人施教，而且可以增进教师与家长的理解和信任，起到同家长携手加强教育学生的作用。这一优良传统应当得到继承和发扬。但据安徽省芜湖市4所中学对293名学生的调查，喜欢家访的学生占总数的6.5%，不喜欢的约占80%。直接原因是：访前无准备，家访变成偶然的顺路探望、串门、聊天，或集中一天简单走走；一半以上的家访在学生成绩下降或出了问题后进行，这种告状式家访换来的是家长惩罚，“今夜有暴风雨”；部分教师家访动机不纯，以“访”谋私，导致学生和家长的反感。

改进家访工作宜从三个方面着手：一是增加透明度。事先把家访的时间和打算告诉学生，通过他们与父母取得联系，使大家心中有数，互相配合。二是讲究谈话艺术。例如，有一初中班主任家访时先不忙谈学生的情况，而是请家长谈工作、谈生活、谈教育孩子的方法等，从而得知家长的思想文化素质。如果觉得家长素质好、方法对，则开诚布公地谈学生的优缺点；反之则不“竹筒里倒豆子”，而是委婉地提出改正缺点的希望。三是组织上要加强家访管理。把这项工作列入教师工作量和考评范围，并经常交流这方面的经验。

其三，“请进来”式——适时召开家长会。

家长会是学校联系家长的又一传统方式，一般安排在开学初、复习迎考前和学期结束时。家长会贵在创设机会，让家长充分了解学校、了解子女，并起到家长之间取长补短、多方学习家庭教育知识的作用。家长会规模不宜过大，时间不宜过长，形式不要呆板，否则家长出席率往往不高。有效的家长会往往注意形式出新、内容丰富，如根据家庭教育中存在的同一类型的问题或需要解决学生在品德、文化知识学习中存在的类似问题，召开部分家长座谈会，有针对性地对某个专题进行讨论和研究。这类小型的家长座谈会灵活机动，有的放矢，开会地点除学校外，还可在学生家中，也可借居委会场所，如叙家常，既生动又实在。又如以文艺联欢会的形式召开家长会，除班级全体家长参加外，还应有全体学生和有关教师参加，并由学生主持和表演文艺节目，内容大多结合学生的学习、生活实际，用以向家长汇报自己的进步和成绩。要尽量使每个学生都有表现自己的机会。家长也可即兴表演或发言，这能使师生、家长都受到“愉快教育”。

其四，“鸿雁传讯”式——用书信、简报交流育人信息。

除了教师的家访和家长访校联系外，也可利用文字传递信息，如写书信、便条，互通情况，迅速及时地交换意见；建立家长联系手册，教师有什么事需与家长联系或家长有什么事需与教师联系，都记在联系手册上；编辑和发送学校与家庭联系的简报，发给家长人手一份，以便家长在家中有空细细阅读和体会，受到更多的启迪。例如，广州市荔湾区乐贤坊小学就办了一份《学校与家庭》油印通讯，让家长明确学校每一时期的打算和要求，知道学校的主要动态，向家长宣传家庭教育的科学知识，推广教育子女的好经验等。教师、学生和家长都积极撰稿。针对每个学期家长教育孩子中存在的问题，此刊物还编出了漫画连载《小宝与妈妈》，家长们在幽默和讽刺中得到了启发。

其五，“校外办校”式——大力办好家长学校。

学校的“拿手好戏”仍然是办学校、培育人，在搞好同家庭教育的衔接中也可积极发挥这种优势。这些年来不少学校与社会群体组织创办的各种家长学校，已成为学校教育与家庭教育的一个极好的“衔接点”。大批

家长在这种特殊的学校里上课、听讲座、开座谈会、参观家教展览、与“好家长”谈心交流，有的也在“上学”过程中充当了某一方面教育的兼职教师。广州市的一些中小学新生开学一个多月前，家长学校就先开了课，使只知道给上学孩子准备新书包的家长，在心理和行为习惯方面也作好准备。上海长宁区的家长学校组织一年一度的家庭夏令营，使家长和孩子在大自然中跨越了“代沟”，和谐相处。不少父母曾一度把自己青春的荒废和老大才疏的缺憾化成了畸形的期望强加给孩子，经过在家长学校的学习，终于在期望的天平上加上了科学的砝码，得到了正确实施家庭教育的金钥匙，学校教育和家庭教育得以产生良性循环。

其六，“追踪服务”式——搞好假期、毕业后家庭联系。

一所全方位育人的学校，一位全心全意的教师，总是把对学生的教育延伸到一些“额外”的时间和空间。许多学校到了放寒暑假时，都要致家长一封书信，对学生回家后的思想、学习、娱乐和休息提出要求和建议，使学生的校外生活成为学校教育的一个组成部分。学生毕业后，学校也对其进行追踪调查、服务和指导，并请成绩突出者回校介绍经验，激励在校学生，还可利用校庆、节假日搞好综合性的联谊、教育活动。要努力形成学校、家庭和社会的教育网络，并发挥学校在这种教育网络中的总纲和主导的作用。

学校德育与家庭教育衔接的方式方法是灵活多样的。学校的性质特点不同，家庭的文化品位各异，教师和家长的个性更不尽相同，不能一概而论。总之，教师主动、热情、关心，家长积极、努力、耐心，学校和家庭的教育协调一致，学生就能健康成长。

（江西省上饶师范学院　郑国春）

5. 教师的工作需要团队精神

教师集体的统一是最有决定性的一件事情。

——马卡连柯

［摘自《马卡连柯教育文集》，（苏）马卡连柯著，人民教育出版社 2005 年版］

教师乃至教师这个集体是教书育人的主体，教师集体的团结是搞好学校工作的基础。马卡连柯说："教师集体的统一是最有决定性的一件事情。"要办好一所学校，根本问题就是建设一个团结统一、稳固坚强的教师集体。

当今的学校不再是旧时的"私塾"。学校教育要培养学生成为德智体美劳全面发展的人才，单靠一两个教师是办不到的，必须由全体教师分工合作才能完成。培养学生成才犹如竞赛，纵向讲是"接力赛"，横向讲是"团体赛"，需要全体教师团结拼搏，才能完成教育任务。其中任何一个教师稍有懈怠，都会影响人才的成长。试想，没有教师集体的团结一致的工作能行吗？

那么，怎样增强教师集体的团结呢？

思考 1：要加强思想政治教育和师德修养，提高全体教师的思想道德素质

鲁迅先生说过："人类总有一种理想、一种希望。"崇高的共产主义理想，坚定的共产主义信念，实现"四化"的共同理想，是工作的动力和力量的源泉，也是教师集体团结的基础。一个教师有了理想和良好的师德修养，就会自觉地用共产主义思想和道德标准规范自己的言行，就能做到想

集体所想，以工作为重，不计个人得失，正确处理人际关系。教师集体有了共同理想和目标，就能心往一处想，劲往一处使，团结一致，同心同德，为“四化”育人。

思考2：以“法”治校，统一步调

以“法”治校，就是要求全体教师贯彻执行国家的教育方针、政策、法规、条例、要求，遵循统一的教育原则，明确统一的教育目的和任务。同时，还要执行学校制定的各项规章制度、办法、实施细则、教学常规等。以“法”治校，就是以这些校内外的“大政方针”管理教师，统一全体教师的思想、行动。这样，就可以避免“一人一把号，各吹各的调”。有了统一的号令，全体教师就会步调一致、齐心协力地做好工作。

思考3：有了团结的领导集体，才有教师集体的团结

俗语说得好：“有什么样的领导就会有什么样的群众。”如果领导班子是一个团结、公正、民主、事业心强的集体，那么教师之间也不会有多大分歧。即使教师之间存在一些不团结现象，领导也会运用各种手段，通过细致的工作，帮助他们解决矛盾，使其重新团结起来。反之，领导成员之间闹矛盾、不团结，也一定会影响到教师之间的关系，导致教师集体的不团结。因此，要使教师集体团结，学校领导成员必须首先搞好团结。有了团结的领导集体，才能团结带领全体教师一道前进。

思考4：改善管理，理顺关系

要从加强和改善学校管理入手，通过建立各种规章制度、奖励政策，使教师明确自己的职责、任务、目标。只有这样才能使教师各司其职，各负其责，并增强其责任感，调动其积极性，同时也减少了因责任不明而出现种种矛盾。学校领导要奖罚分明，大胆运用精神和物质鼓励手段，在尽可能的范围内做到责、权、利统一，工作的质和量统一。实行奖勤罚懒、奖优罚劣，解决干与不干、干好干坏一个样的问题。科学的高层次的管理，能够充分调动人们工作的积极性、主动性，有助于理顺教师与领导、

个人与集体、教师与教师之间的各种关系，减少矛盾和冲突。

思考5：教师个人要善于调节人际关系

由于各种原因，教师之间的矛盾和冲突是难以避免的。这就需要运用各种手段来调节人际关系。

一是不利于团结的话不说，不利于团结的事不做。要彼此信任，不互相猜疑；要互相学习，不文人相轻；要互相帮助，不损人利己；有话当面说，不背后议论。每个教师都做到这些，就可以防患于未然，或将不团结因素消除在萌芽状态，从而减少矛盾。

二是大事讲原则，小事讲风格。教师集体的团结是建立在共同目标基础上的团结，不是无原则的“一团和气”。要实现真正的团结，就要分清“大事”“小事”。遇到大事就要坚持原则，敢于进行思想交锋，通过讨论甚至争论，使分歧统一到正确的轨道上来。遇到鸡毛蒜皮的小事，就要讲风度，忍让一些，不要争论不休。

三是学人之长，补己之短。教师是多层次的，每个人都各有长处和短处。应当善于发现和学习每个人的长处。特别是遇到周围的教师晋升、入党、被评为先进、受到表扬的时候，不要产生逆反心理，以为“他不如自己”，从而产生矛盾。应当以他人为师，更加虚心地向先进教师学习，取人之长，补己之短，共同提高。

四是严于律己，宽以待人。这是中华民族的传统美德，在教师集体中应予以发扬光大。当个人利益与集体利益发生矛盾的时候，应服从集体利益。当局部与整体发生矛盾的时候，应以大局为重。当自己与他人发生冲突的时候，应当对己严，对人宽，勇于承担责任，多做自我批评。当别人错对自己的时候，应当宽容、忍让，不要念念不忘，抓住不放。

五是在变革中求进步，在发展中求团结。在传统的封闭教育向现代开放教育转变的时代，在由升学教育向素质教育转轨的今天，教师集体中不同成员对教育思想、道德观念、教育方法的不同认识是显而易见的，也是正常的，但也常常会造成教师之间的矛盾和冲突。这就要求每个教师必须不断地学习，接受新思想，研究新事物，以适应教育发展的新形势。

在这个教育改革的过程中，教师集体中的每个成员都会不断地进步，随着矛盾一次次地解决，实现新的团结。

古人云："和为贵"。教师之间和睦相处，教师集体团结一致，是学校兴旺的表现，也是办好学校、培养合格人才的关键。每个教师都应该有高尚的师德，从大局出发，以事业为重，为工作着想，处处维护和增强教师集体的团结，努力建设一个团结统一、稳固坚强的教师集体，为国家培养更多、更好的人才。

（浙江省永康市高镇小学　李永亮）

教书与育人

1. 玩转班级魔力球

即使是最好的儿童，如果生活在组织不好的集体里，也会很快变成一群小野兽。

——马卡连柯

[摘自《马卡连柯教育文集》，（苏）马卡连柯著，人民教育出版社2005年版]

集体主义教育思想是马卡连柯教育思想体系中的基础和核心。在班级管理实践中，运用马卡连柯思想进行引导，会收到意想不到的效果。记得有一个著名的魔力球实验：六个人六条线，同时从细颈瓶里往外拉自己线上拴着的魔力球，一人一条心，都想争第一，很明显要失败；六人都谦让，都想礼让他人，很明显也要失败；这就是魔力球产生“魔力”的所在。要想成功，只有一个办法，六人齐心，弱者先行，强者断后。我发现，现实中的班级管理就如同这个魔力球实验，特别是对刚刚接手的班级，如何培养学生的向心力，更是有一拼。

有段时间，我班的班长范欣很苦恼：40个人40条心，女生抱怨男生懒，男生指责女生搞小团队，班级干部指责同学不听领导，同学反讽班级干部“真拿豆包当干粮”，班里充斥的全是质疑、指责、对立、推脱，甚至虚伪等不良风气。这不是谁振臂一呼就能云集响应、效果立竿见影的事；也不是为班长硬撑做“后台”，拿着“大棒”在班里吆五喝六就能解决的问题；更不是视而不见、静观其变所能解决的。如何让这40个人产生向心力，是我一直在思考和琢磨的难题。当我突然想到魔力球实验时，一下子就有了灵感，魔力球实验的成果是不是可以运用到班级管理中呢？

一次班会上，我在黑板上写了两个式子“1+1<2”“1-1≠0”，请学生各抒己见。开始，学生并没有理解我的意图，想法千奇百怪：“一堆沙子和另一堆沙子放在一起还是一堆沙子”“换一个角度看世界，不一定都是对的”“一分气馁加上一分退缩就是两分失败”……突然，有位同学说：“一颗封闭的心，不只失去了和别人沟通的机会，还会收获别人的误解。”一点星火引燃了整个班级，大家的思维更加开阔：“互不宽容，两个人的力量就小于2”“友谊出现一个小洞，不去修补，洞就会越来越大、越来越多”……我神秘地笑了：“大家不必急着下结论，请你们仔细观察、用心体会，用班中的人和事来证明。”

两个星期后，学生都明白：心不相通，情不相融，针尖对麦芒的结果就是1+1<2；当你为别人奉献时，你不会失去任何东西，甚至会得到更多，这就是1-1≠0。

为了给学生提供充分的自我教育、自我完善的空间，我倡议学生自办一份特别班刊《非常40+1》——我也是这个班级团队的一员。刊中回顾了“班级十大新闻”，理清了“爱上班级的十大理由”，分析了“班级十大诟病”。更为重要的是，评出了本班“十大最人”和“十大高手”：最沉默是金的人——袁文强，最坚持到底的人——曲哲，最爱老敬老的人——李林红，最目光远大的人——蒋美琴……出版过程中，学生的表现更是可圈可点。能画的画，会写的写，排版、打印、装订、发放，人人动手积极参与，充分感受着服务集体的快乐，同学间的友谊剧增。班刊下发后，“当选者”会心一笑，心下愧然；“好事者”连称精辟，心下警然；“旁观者”，自是没事偷着乐，欣赏着班级的共鸣。

在思考的过程中，学生对同一个问题产生了不同的答案，在班级的发展上，学生看到了合力的效应；统一了认识，他们又在自主办刊的过程中认识了新朋友，了解了新朋友的个性，也能容忍彼此的短处，学习他人的长处了。就这样，我的班级渐渐成长为有凝聚力、战斗力的团队。

有人说60后墨守成规，70后奋战理想，80后个性十足，90后飞扬跋扈，那当我们这些60后、70后、80后遭遇90后时，又该如何带领他们“冲出亚马逊”？正如苏联教育家马卡连柯曾在其教育集中所说：“即使是最好的儿童，如果生活在组织不好的集体里，也会很快变成一群小野兽。”他认为：“教师应当善于组织，善于行动，善于运用诙谐，要既快乐适时，又生气得当。教师应当能让自己的每一举动，都能对自己起教育的作用，并且永远应当知道当时自己所希望的是什么，所不希望的是什么。”我们只有摸透学生的心理，为他们量身打造一系列的教育活动，才能帮助他们各自发挥长项，在班级里展示真我风采，得到班级同学、朋友的肯定或认可。鼓舞与肯定是学生健康发展的源动力，教师的首要责任就是帮助学生找到适合自己的舞台。站在这个舞台上，他们能够找到自己认可的价值观、处世观，并为之努力奋斗，最终养成良好的个性与优秀的学习习惯。

学生就像个性十足、千变万化的“爆丸”，每个人都蕴藏着无限的能量，运用好了，他们是维系班级团结的中坚，运用不好，他们的杀伤力也足以震撼整个班级。他们就是那一个个“魔力”十足的小球。要想让他们合力展现团体的实力，需要班主任多动脑筋，用爱心、耐力来引导他们，在玩转班级生活的同时也玩转自己的青春生活。

（山东省荣成市第二十三中学　王丽新）

2. 我践行，我们受益

有很高威信和值得敬爱的学校集体的舆论所起的监督作用，能锻炼学生的性格，培养学生的意志，能使学生养成使个人的行为有利于社会的习惯，能培养学生为自己的学校、为自己是这个光荣集体的成员而自豪的精神。

——马卡连柯

[摘自《马卡连柯教育文集》，（苏）马卡连柯著，人民教育出版社 2005 年版]

工作的这几年，同样是当班主任的几年，我一直践行着马卡连柯的观点。在实践过程中，我受益，更重要的是我的学生们受益——身心健康成长，并能坚守正能量。这一收获正印证了马卡连柯的观点："有很高威信和值得敬爱的学校集体的舆论所起的监督作用，能锻炼学生的性格，培养学生的意志，能使学生养成使个人的行为有利于社会的习惯，能培养学生为自己的学校、为自己是这个光荣集体的成员而自豪的精神。"

一、借用哲理文章等手段，激发学生内心的真善美

集班主任、思品教师、心理教师身份于一身的我，针对学生特点，进行学科整合，巧妙运用"从众心理""登门槛效应""社会助长"等心理效应对个别生的转化措施，使学生们的行为习惯逐步养成，所谓的"问题生"也感受到了老师和同学的关爱，体验到了自己的价值与成功的喜悦。

针对初一四分之三为借读生的特点，除了常规的情感教育，我又在不同阶段着重进行了几项特殊教育。

例如：新生入学两个月后最容易出现的是打架等特殊事件，这时我伴随着思品课进行了“生命教育”。我通过《永不放弃生的希望》《比尔与油漆匠》等哲理美文与故事引导学生肯定生命、尊重生命，尤其让学生意识到，不仅要尊重自己的生命，更要尊重他人的生命。由此，善恶、责任、友爱、真诚等一系列教育都随之展开，而归结点是是非观等问题。这种不停、反复的“念”就是让他们意识到打架等行为是不对的。在他们冲动时，在“善我”和“恶我”打架时，善我能赢，就真的内化为自己的行为了。

一定要根据不同学生的实际情况选择文章。像中途接手的初三（2）班，他们在过去的两年获得更多的是负评价，已将受批评看作常事且已麻木。此时引导他们树立正确的是非观念、自尊心、羞耻心尤为重要。因此，我选择《心的落点》等文章，以引导学生形成积极向上的生活态度。

二、在整体活动中培养学生的集体主人翁精神与荣誉感

从带班开始，我一直坚持着这个原则：凡是可以集体参与的，一定要集体上。诸如运动会、课间操比赛、元旦联欢会。尤其是联欢会，在演练过程中，学生的自豪感、对班级的责任心、凝聚力在无形中增长、扩大，我们不用做任何事，他们的集体荣誉感就已形成。更重要的是，经常参与各种活动，他们就更敢于展现自己，同时提升他们的综合素质，也可以为以后的人生打下良好的基础。并且，体验成功的这份感受，可以使他们树立一种意识——把优秀当成一种习惯。多么强大的内驱力呀！这就是态度的重要所在。

学生班集体的责任心、凝聚力一旦形成，学校一日常规、量化评比等，都不用老师去操心，每一位学生都会尽全力去维护班级的利益与荣誉，自觉、自主地规范自己的行为。

三、让学生在参与比赛中全面发展

我所带的第一拨孩子在北京市朝阳区征文比赛和生物竞赛上，共有11人分别获得了一、二、三等奖。现在初一的这拨孩子，共有16人分别在朝阳区的诵读、健美操、英语口语、长跑、合唱等比赛中获奖。他们敢于挑战自己、展示自己，他们团结合作、积极进取，他们互相帮助、无私奉

献，为一生的发展奠定了良好的基础。

四、在主题班会和活动中启迪学生的心灵

我一直有一种信念，虽不能让每个孩子都成才，但要让每个孩子都能成为正直的人。系列主题班会，是提升学生情感的一个快速而有效的途径。

在班会中，老师的总结至关重要。比如在一次班会中，我利用美国的名言："我们培养出来的年轻人，如果才华横溢，但不诚实；有丰富的知识，但不关心他人；有极丰富的创造性思维，但没有责任心，美国也不会强大！"这句话虽然说的是美国，但其中的道理是有普遍意义的。

请你记住：年轻人犯错误，连上帝都可以原谅。青春是幸福的，因为失败了可以一切从头再来，但我又补充道：上帝能够原谅的事，社会不一定会原谅；老师能够原谅的事，老板不一定会原谅。请记住：你将生活在社会中，而不是学校和天堂。

认真准备，积极参与每一次活动，活动后一定要总结，总结才是活动的意义所在。如运动会，初三（2）班获得入场式第一名，拔河第一名。初三老师们都很奇怪，怎么也不会想到在拔河比赛中我们会得第一，其实学生们更是没想到。他们自己跟我说，他们习惯的是上课说话气老师，老师用半节课强调纪律等。于是我以拔河为契机，问他们为什么会得第一。学生总结道：团结、支持、拼搏、个人的力量、奉献、原来失败的经验教训、智慧……

我告诉学生，是每个人的力量让我们赢得了第一，通过这个活动，我们可以有很多收获，因为集体的共同目标绝对是1 + 1 > 2 的效果；这个集体缺了谁都不行，大家要有主人翁意识。最后我总结时，将学生总结的一系列词串在一起："如果我们能吸取经验教训，都尽自己最大的力量，团结在一起，怀着一颗上进的心，一颗感恩的心，共同拼搏这一年，加上老师、家长的支持，充分集合我们所有人的智慧，将优秀当成一种习惯，我们将会取得最后的胜利。"

（北京市虎城中学　冯　琳）

3. 给学生一面明亮的镜子

教师的心应该充满对每一个他要与之打交道的具体的孩子的爱，尽管这个孩子的品质已经非常败坏，尽管他可能会给教师带来许多不愉快的事情。

——马卡连柯

[摘自《论共产主义教育》，（苏）马卡连柯著，人民教育出版社 1954 年版]

儿童文学作家张彦先生的作品中有这样一个故事：小炳在一次外语期末考试中，有一个单词忘了，他怀着惶恐、犹豫的心情，悄悄地从抽屉里摸出书来，才刚翻开，后领一紧，他被刚才还在看报纸的袁老师揪了起来。袁老师一脸狡黠地讪笑：“你以为我真的在看报吗？其实，我早盯上你了！”于是，小炳的外语考试成绩被降为 0 分，操行由甲等改为乙等。最糟糕的是，从此，他获得了一个“知识扒手”的雅号。八年后，小炳已经成了大炳，仪表堂堂，可惜，他却因为偷窃成性且屡教不改，不得不被吊销户口，送到青海劳改。

小国也由于同样的原因做出了同样的举动，监考的朱老师发现后，悄悄来到他身后，摸着他的肩，向他轻轻地摇了摇头。考试后，朱老师找他单独谈了半小时，小国心悦诚服。八年后，小国成了大国，在一家宾馆当服务员。一次，当他发现粗心的外宾落下的 7300 元美金时，他毫不犹豫地交给了经理。

同样的经历，为什么造就了两种不同的人？读完这个故事后我陷入了深深的沉思。现代心理学指出，10 岁左右的儿童对自我的认识在相当大的程度上还处于“他律”的水平，即通过他人来认识自己，通过他们心目中的“权威”——老师、家长的评价来认识自己。心理学家库利指出，儿童靠观察别人的脸色和反应来确定别人对自己的态度和评价，就像是把别人的表情与反应当作镜子，由这种“镜子”来看自己的形象并形成自我概念，库利称这种自我概念为“镜像自我”。教师是小学生情感上高度依赖、认识上高度认同，对其生活有重大影响的人，是学龄儿童最重要的一面“镜子”。身为人师，我们的言行举止随时随地都在塑造着儿童的自我概念，“你的意识中他是龙，于是他成了龙；你的意识中他是虫，他真的成了虫”。事实证明，我们在塑造儿童自我概念的同时，也在塑造着儿童实际的自我的真实面貌，对儿童的发展倾向有着举足轻重的实质性影响。

因此，每个做教师的，都必须思考一下，自己给了学生一面怎样的“镜子”，自己这面“镜子”里都照出了哪些东西。我想，在我们的这面“镜子”里，首先应映照出真诚与尊重。尊重学生，是实现真正意义上的教育的前提。马卡连柯说过：“我的基本原则永远是尽量多地要求一个人，同时也要尽可能地尊重一个人。”人人皆有自尊，学生也不例外。对于学生的自尊，教师要像对待荷叶上的露珠，对待新生的婴儿那样小心翼翼地加以呵护。有位班主任为了惩罚班内几个调皮捣蛋的学生，专门在教室后面的角落里，设立了一个“屡教不改者”的专座，美其名曰“思过角”。可没想到他们不但“不思悔改”，反而以“破罐子”形象自居，变得更加放肆。后来，班主任及时调整了策略，一方面及时找那几个同学谈心，当面承认自己的错误；另一方面向全班同学宣布：角落的座位，说话、做小动作老师不易发现，抵抗力弱的人坐那后容易养成不良习惯，只有约束力强的、大家信得过的同学方可入座。于是，“思过角”成了“信得过专座”，一下子，这个座位成了一种荣耀，学生们争先恐后地申请，连那些调皮蛋都要努力坐上去。从“思过角”到“信得过专座”的转变，正意味着学生从教师的这面“明镜”里，找回了“真我”的感觉。

其次，在这面“明镜”里，还应折射出宽容与关爱。错误是增强免疫力的青霉素。有一位哲人说：“犯错误是上帝给孩子的权利。”因此，教师要致力于营造宽容、宽厚、宽松的氛围，通过这样的氛围塑造学生美好的心灵。一位教师在一次批阅作文中发现班中那位一向作业马虎的学生请同学代写了作业，老师并没有大发雷霆，而是和颜悦色地对他说："想不到你的作业有这么大的进步，每个字都横平竖直，这证明你是能写好字的。你能再把这篇作文照样抄下来吗?"虽然孩子的目光中闪过一丝局促与不安，可还是点头答应了。放学后，孩子真的交上了一份干净、整洁的作业。老师充满期待地对他说："这次作文抄得真好，老师真希望你每次作业都写得这么认真。"在接下去的几周时间里，教师不断地表扬他，还奖给他一支钢笔作为鼓励。终于在一天早晨，老师在批他的作业时看到一张纸条，上面写道："老师，我那次作文是让同学帮着抄的，但我没敢向您承认，以后我一定会把字写好。您能原谅我吗?"雨果说："世界上最广阔的是海洋，比海洋更广阔的是天空，比天空更广阔的是人的胸怀。"教师只有敞开自己宽广的胸怀，师生之间才会演奏出和谐美妙的乐章。

再次，这面"明镜"里，还应充满赏识与期待。成就心理学理论告诉我们，每个人都有被承认与肯定的心理需求。可许多教师却忽略了这点，赏识的阳光永远只在优生的头上普照。北京第六十五中学的李春英老师被誉为"拿着放大镜找学生优点的老师"。在她的班级中，每个同学都有一个任务：每天讲出三件你发现的好人好事，哪怕是一点一滴。李老师说，让大家发现别人优点的同时，也就教育了他们自己。正如苏霍姆林斯基说："教育者的技巧就在于能够机智地、敏锐地看到孩子那种要求上进的心理，给予信任，加以适当的引导。"因此，我们尤其要记住："赞扬差生极其微小的进步，比嘲笑其显著的劣迹更高明。"

善待每个学生是每个教师的责任。我很认同马卡连柯的教育理念，他的观点"教师的心应该充满对每一个他要与之打交道的具体的孩子的爱，尽管这个孩子的品质已经非常败坏，尽管他可能会给教师带来许多不愉快的事情"经常指导我的行动。我认为，只有积极地期望和对待每一个学生，才不会辜负学生把自己当作"最重要的镜子"的美好情感，才没有偏离教师应有的社会角色。我们应该时时擦拭自己这面"镜子"，使它能时时照出学生心灵深处闪光的部分，时时给人以信心和希望，鼓励学生去挖掘自己内心的宝藏。

(江苏省宜兴市新芳小学　周志军)

4. 让学生快乐成长

培养人就是培养他对前途的希望。

——马卡连柯

[摘自《马卡连柯教育文集》，（苏）马卡连柯著，人民教育出版社 2005 年版]

马卡连柯教育观中特别强调一点——“培养人就是培养他对前途的希望”。这一点笔者十分认同。

希望是前进的动力。只有让被教育者看到自己前进的方向和所有可能达到的目标，才能使其产生学习和奋斗的力量。有很多伟大人物的成功，并不是因为他们具有多么出众的才华，而是因为在他们成长的过程中，遇到了一位优秀的老师，这位老师不仅教会了他们做人，而且还引导他们看到今后奋斗和努力的方向，使他们永远不放弃前进的希望。

那么，如何培养学生对未来充满希望、让学生快乐成长呢？

做法 1：让孩子体验成功

“失败乃成功之母”，但屡遭失败容易导致青少年自我否定。实践证明，相信“成功是成功之母”，更加符合处于不断成长中的学生的实际。成功者的行为模式往往是创造机会，追求卓越，继而走向更大的成功。体验成功，是培植自信的最好方法。当学生取得成功后，因成功而产生的自信心，有利于形成追求新目标、新成绩的新动力，随着新成绩的取得，心理因素再次得到优化，从而形成发展进步的良性循环。

案例：

开学后的第一天，我们班来了一位“留级生”，他是因生病耽误了学习的“留级生”。第一节课我简短地跟他讲了要求，要他尽快融入班集体，安下心来，从头再来，用心学习。可是每到课间，他总是要回到原来的班级，跟原来的同学聊天，直到上课铃响后才急匆匆地赶回教室，平时跟现在班里的同学很少说话。

一节作文课上，他写了一篇关于教师节的文章，非常好。作文讲评课上我在班里读了他写的那篇文章，并给予了很高的评价。

有一天，我把他留下来，对他说：“不要总是觉得自己低人一等，要尽快融入现在的班集体，在班里树立起威信来，让大家看得起你，老师对你寄予了很大的期望，你说老师这样做是为了什么？你应该想想怎样去做才能跟老师配合好，让自己迅速适应新的学习生活，静下心来学习，利用自己的优势，考出好成绩给大家看，让大家知道你是有能力学好的，真正做到昂起头来向前看。”这段话打动了他，他最后很认真地点了点头，说：“老师，我知道以后该怎么做了。”

随后几天，他的表现有了明显变化，在布置教室时，他主动留下帮忙；课间到原来班级的次数也少了，精神面貌也较以前有了起色。

反思：

心理学研究表明：自信心是一个人在不断的成功体验中慢慢建立起来的。这需要一个漫长的过程，是一个长期的、艰巨的任务，这就要求我们在教育教学过程中，尽可能多地为学生创造获得成功的机会，并且善于捕捉每个学生微小的进步，及时地给予表扬和鼓励。一次次成功，一次次鼓励，就是一次次地把“我是成功者”的信息输入学生的脑中，学生内心也就会一次又一次地认为自己属于成功者，成功的自我意识就会形成。在此期间，老师对他的期望、看法或一个眼神、一个动作都可能对他自信心的培养起着极为重要的作用。

案例中几次极为不起眼的表扬与鼓励，对学生产生了极大的影响。要培养学生的自信心，教师需信任学生，对他们满怀期待，学生能够觉察到教师对自己的态度，进而对教师产生好感和信任，同时激发自信心，产生进步的动力，从而实现教师期待的目标。在探究学习中培养学生的自信心，特别强调在探求知识的过程中，学生与学生之间进行交流，相互帮助，合作学习，取长补短，激励学生充满信心和勇气地投入到学习中去，从而增加每个学生参加学习活动的机会。学生的信心一旦得到肯定及强化便会趋于稳定状态。同时，这种心理使每个学生都能看到光明和希望，使每个学生都相信自己有学习知识、学好知识的能力，进而产生学习的愿望，促进他的学习不断向前进步。成功体验带来的心理效应可以增强自信心。教师应该善于利用时机，采取灵活多变的手法，强化学生的自主意识和自信心。

做法 2：让学生变得乐观

为了学生，为了真正尽到教师的职责，我们必须改变自己的思维方式。其实培养乐观主义并不等于要改变自己的性格。这只是一种思维习惯，只要持之以恒，是可以形成的。比如同样的情况下，你选择以下哪种思维或表达方式呢？

“考得这么差，真丢人！”“这次考得不理想，是什么原因呢？”

“一领学生出来活动就出问题，真倒霉！”“本不该出这样的问题，下次要把工作做得再细些。”

“又错这么多，真不可救药！”“比上一次好多了，下一次再注意一下这几个字就行了。”

如果你了解了乐观主义的真正含义，相信你不会选错怎样表达。语言是思维的外壳，有时语言也可以反过来影响思维，表面看只是几字之差，效果却大不一样。如果我们能时刻提醒自己注意肯定性语句的运用，是能形成自己的乐观思维的。而教师的乐观精神对学生的正面影响是不可估量的。

案例：

班上有的学生沉迷于网络游戏，针对现状，我首先提高自身的计算机运用水平，带领孩子们共同完成一些有意义的事情，比如共同做幻灯片、简单的动画，引导学生正面学习计算机知识，发挥其正面作用，使他们认识到其积极方面。结合学校开展的“研究性学习”活动，我更是鼓励学生走出课堂，走向社会，利用自己的所学和特长，使课内课外知识有机地融为一体，如“成功的秘诀”这一研究问题，有的学生根据自己查阅的资料，解密成功；有的学生则不辞辛苦，采访当地的成功人士，从而体验成功；有的学生则以自身取得的成功事例为依据，释说成功……同学们快乐地参与这些活动，兴趣得到激发，特长得以形成。

反思：

孩子拥有快乐的心态非常重要，是他们自身健康成长的重要部分。快乐的人常常会乐观、坦然地面对一切成功和失败、痛苦与幸福。现在的学生多是在温室中长大的，经历的风雨不多，意识不到艰难的存在，更别说怎么去面对了。让学生接触各类事物，见多识广，多感受快乐，心胸自然就开阔，悲观思想便不容易产生了。

做法3：让学生变得勇敢

现在，社会在强调素质教育，希望我们的学生不仅有丰富的知识，而且还要有很强的能力，以适应未来社会的挑战。作为教师，一方面要强化学生这方面的意识，另一方面在生活中要舍得“放手”，尽量让学生自己去面对困难和麻烦。

案例：

王君是英语课代表。刚开始王君不爱讲话，天天低着头进出教室，上课时也常埋着头。日子一天天过去了，她曾多次找肖老师希望辞掉英语课代表职务，好省下时间来用在其他科目上。肖老师鼓励她说：“再干一段时间好吗？你有这个能力。”随后，肖老师特意安排她每周二、四早读时间带领同学们读英语，她勉强答应了。

周二一早肖老师来到教室外，没有听到朗读声，走进教室后，看到同学们都在无声地看书，王君红着脸、低着头坐在椅子上，像没看见肖老师……

只见肖老师平静地对同学们说：“学英语可千万不能学成哑巴英语呀，

一定要读出声音来。这样吧，每周二、四的早读，就请课代表领读好不好?”大家用掌声表示了赞同。

肖老师的当众一激把课代表“逼”上了讲台，使她在漫长的人生之路上迈出了成功的第一步。如今王君已是某大学的学生了，她经常给肖老师写信，几乎在每封信上都写上这样一句话:“谢谢老师让我上讲台。”

反思:

肖老师之所以大胆地鼓励学生上讲台，是因为他深深懂得像王君这类学生，他们不乏领读的实力，只是胆小、内向等种种非智力因素导致了他们在心理上不敢昭示自己于大庭大众之下，宁可被动地等候老师的点将，也不愿主动表露能力。因此，在这种情况下，他们最需要的莫过于老师的鼓励了。

在当今提倡学生为主体、教师为主导的教学实践中，我们太需要像肖老师这样真正以学生为主，把讲台让出一角给学生的老师。上讲台的每一个学生虽然不可能都像王君那样获得成功，但毕竟是在学习方面迈出了可喜的一步，也必将使登上讲台的每一个学生（特别是平时胆小怯懦的学生）勇敢面对并终生受益。

教师应该注重并加强对学生独立自主能力的培养，鼓励学生独立完成力所能及的任务；鼓励并引导学生多和别人交往，特别是与开朗活泼的同龄人交往；鼓励并引导学生参加力所能及的社会公益活动（如参加志愿者团体等），借助家庭、学校、伙伴、亲朋好友的作用，给学生提供良好的社交平台。面对胆怯的学生，切忌顺其自然、与同龄孩子对比甚或辱骂，应该不失时机地与学生沟通，给予他们鼓励和赞扬，关心、帮助并引导他们努力克服自身的弱点，避免因胆怯所造成的心理紧张，促进他们健康成长。

成功体验越多的学生会越来越出色，反复失败的孩子会越来越糟糕。因此，教育就是要让学生不断体验到成功，从而满怀希望地面对生活，快乐地成长。

（湖北省十堰市武当山特区溜西门小学　张根富）

5. 尊重、信任是教育的前提

尊重和信任是教育人的前提；只有从尊重人，信任人出发，才能产生合理的教育措施，才能取得良好的教育效果。

——马卡连柯

［摘自《马卡连柯教育文集》，（苏）马卡连柯著，人民教育出版社2005年版］

马卡连柯，苏联著名教育家，从事流浪儿童和少年违法者的教育改造工作。他把3000名失足青少年培养成将军、工程师、医生、教师、新闻记者、工人等，得到了苏联人民的一致好评：马卡连柯创造了教育史上的奇迹。

马卡连柯的奇迹，促使我思考：作为一名教师在处理学生问题时，应该注意什么呢？教师如何才能更好地走进学生的心灵深处？下面我通过几个案例进行分析。

案例1：

一次单元考试结束，阿飞考试又不及格，语文只考了51分。他已经连续两个单元都不及格了。单元评讲那天，我公布完分数，随口说了一句："阿飞，你怎么又不及格啊？这样下去要请你爸妈来学校的。"谁知，就这样一句随口的话，却让阿飞的情绪有了很大的变化。我看见他当时就趴在桌子上哭了。我没有太在意，心想成绩差，被老师批评了，回去又要被父母骂，心里肯定难受，哭一会儿也就算了。于是我继续讲课。可是后来，我看见阿飞一直在哭，根本没有听我讲课，我就走下去，来到他的面前，用手推推他，他并不理我。我忽然意识到自己已经严重伤害了一颗幼小的心灵，下课后我把他叫到办公室并真诚地向他道了歉。其实，阿飞是一个

非常勤快的孩子，特别喜欢为集体做事，我抓住他的优点，因势利导，利用课本上一些文章启发他、教育他，告诉他怎样发挥自己的长处，并告诉他，学习只要努力了就行，可以发挥自己勤快、爱劳动的优点，以后考警校或者当兵。当然，我也改进了我的一些教育方法，从那以后，每次考试我都不在班上公布分数，也不严厉批评那些考试不及格的学生了。

反思：

我知道，其实这些学生也特别想考好，特别想做一名老师喜欢的学生。由于学生性格不一样、智商不一样、家庭环境不一样，因此成绩就会有所不同。这其实很正常。一个讲究工作艺术的老师，是不应该把眼光放在学生的不足上的。学生都是孩子，他们受了老师的气不知道该怎么对待，又不敢向老师发泄，更不敢在父母面前诉苦。所以，很多时候采取的都是“自残”的方法，如：不做作业或作业马虎，扔书，撕书本子等。像阿飞这样的孩子，就容易走极端，造成悲剧。

热爱一个学生就等于塑造一个学生，而厌弃一个学生无异于毁灭一个学生。每一位学生都渴望得到老师的爱，尤其是那些经历家庭变故的学生，容易形成特殊性格。这就要求教师真诚相待、热情鼓励、耐心帮助，用师爱的温情去融化他们“心中的坚冰”，让他们在愉快的情感体验中接受教育。

案例2：

在我刚刚从事教育工作的时候，有位男孩子，特别喜欢蹚水，九月份新生入学不久，他穿着上午刚刚买的新球鞋，不顾天气的凉爽，在水里蹦蹦跳跳，招来不少围观者。当我看到围观者嘲笑的面孔，看到他旁若无人的举动，我无法忍受，将其狠狠地斥责了一顿。

反思：

直到现在我还记得当时他那无辜的眼神，也正是那眼神使我明白，我的处理方式是错误的，也许我该和他一同分享那份快乐。如果从成人的角度看，他不正常，头脑有问题；而从孩子的角度看，水是他的乐园，在蹚水的过程中他拥有自由快乐。那么，我们该以什么样的态度对待他呢？我们必须尊重他的乐趣，使他的心灵得到正确引导。就此，教师可针对其思想发展的阶段特征，以“哄孩子”的教育方式，运用恰当的语言为其分析错误的原因，使其从思想上进行转变，不能仅靠强制性的办法，否则会适得其反，伤害学生的纯真心灵。只有热爱学生、尊重学生、信任学生，让学生感受到你是可亲、可信、可靠的朋友，他们才能对你敞开心扉，使你真正了解他们的喜怒哀乐和内在要求。

案例3：

在某学校，教学楼大厅的木门总是被学生踹坏，虽然曾惩治过踹门的学生，但此事还是接二连三地发生。针对这种情况，教导主任建议换成铁门。经过校长的斟酌，门却被换成了玻璃门，奇怪的是从此之后门再也没坏过。为什么易碎的成了最坚固的？原因在于玻璃门所代表的不再是门，而是一份信任，一份爱与被爱的真情。这就是信任的力量，爱的结果，情感的感化。

反思：

如何把流浪儿童和少年违法者培养成对社会有用的人才呢？马卡连柯认为，重要的一点就是热爱，“尊重和信任是教育人的前提；只有从尊重人，信任人出发，才能产生合理的教育措施，才能取得良好的教育效果”。

尊重和信任是沟通师生情感的桥梁。可以说，尊重是爱的别名。尊重学生，就是尊重学生的人格，允许学生在思想、感情和行为中表现出一定的独立性，给他们提供更大的独立的活动空间；把学生作为与自己平等的人来对待，尊重他们的意愿和情绪，乐于倾听他们的意见和要求。当然，教师的爱绝不是让学生放任自流、一味迁就，而是爱中有严、严而有度。严父型也好，慈母型也好，良师也好，益友也好，都必须以爱为前提。教师的爱是一种责任，因为有爱，我们才有耐心；因为有爱，我们才会关心；因为有爱，我们才和学生贴心。爱学生成长过程中的每一个微小的“闪光点”，实际上是我们教师最大的乐趣。

（河北省保定市蠡县万安中学　王　然）

6. 辅差导优　从心开始

在我们的尊重里，同时也表示出我们对个人的要求。

——马卡连柯

[摘自《马卡连柯教育文集》，(苏) 马卡连柯著，人民教育出版社2005年版]

为师之严，须严中有爱。马卡连柯的教育思想特别强调“没有爱就没有教育”。评价一门学科的教学质量，主要是看全体学生的合格率、优秀率和平均分。教学原则要求我们面向学生中的大多数，使教学的深度、广度为大多数学生经过努力能够接受，这就要求我们正确处理好教学的质、量、度三者的辩证关系。几年来，我们确立了“保证优等生、重视‘差生’、关爱所有学生”的复习指导思想，狠抓提优补差工作。教学中同时兼顾优生和“差生”，对优生提出更高的要求，充分发挥他们的潜力，拓宽他们的知识领域；对“差生”给予更多的关心、帮助和鼓励，同时，帮助他们分析原因，提出改进措施，并专门开展补差活动。在教学过程中正确处理教学中的难易、快慢、多少的关系，使教学内容和进度适合大多数学生的知识水平。

学困生常被老师们形象地比喻为“尾巴”，往往受到老师和同学的冷落，甚至歧视，其中很大一部分同学在不同程度上已对自己的学习、品德、纪律失去了信心，准备一“混”了之。一个班级能否不断进步，同他们能否转变有着相当大的关系。那么，怎样转变后进生呢?

做法1：充满爱心，赢得信任

很多老师都深深地懂得：转变后进生一定要用真挚的情感去关心他

们、爱护他们。如后进生不爱学习、经常惹是生非、打架闹堂、活泼有余、守纪不足、自暴自弃，学习上有自卑的消极情绪，老师就应努力给他们创造一个乐观并鼓励他们上进的环境，真正做到“诚心”“爱心”“耐心”。如后进生生病，作为老师，应主动给予关心和帮助，并坚持在午休时间和放学后对后进生进行辅导，利用课外或双休日的时间进行家访……“精诚所至，金石为开”，老师倾注的一片爱心会使他们渐渐地理解老师的良苦用心，这样他们就容易接受老师的指导和教育了。

爱心是转变后进生工作取得成效的前提。试想，如果老师对后进生冷嘲热讽，无情打击，他们怎么会不产生逆反心理？只有让他们真切感受到老师的爱心，感受到老师在思想、学习、身体乃至生活等方面的关怀，老师才能逐步树立威信并最终真正赢得他们的信任。这样，师生之间才有可能交流思想、沟通心灵。

做法 2：保持期望，增强自信心

后进生往往有“不堪回首”的过去，屡屡失败使他们的自信心所剩无几，缺乏自信心，导致他们对自己失去了希望，懒得去作任何努力。因此，老师不仅要细心呵护他们仅存的那点自信，还要始终对他们保持期望，表示信任，可以根据实际情况有步骤地提出一些切实可行的、经过努力可以实现的目标，让他们尝到成功的甜头。这样，随着期望的一次次出现，后进生的自信心会自然而然地逐步增强。

做法 3：不断激励，巩固上进心

对于一个后进生来讲，也许得到一次难得的表扬就是转变的开始，他们会因此产生上进心。激发上进心固然不易，但是要维持、巩固上进心更难，这就需要老师加倍地关注他们，善于捕捉他们身上的闪光点。差生固然差，但总不至于差到一无是处，他们都有自己的一些闪光点，这些闪光点往往就是差生转化的突破口，只要教师能够把握住这一环节，就能获得意想不到的效果。“人往高处走，水往低处流。”只要方法得当，并能坚持，后进生的上进心定会逐步得以巩固。

对待后进生，老师还应动之以情，晓之以理，深入他们的内心世界去发现他们身上的积极因素，用敏锐的洞察力时刻地关注他们，及时表扬肯定每一点小小的进步。当他们思想情绪和学习态度不稳时，要适时、适度地引导、帮助，语言要亲切温和。在课堂教学中要注意启发和鼓励后进生发言。表扬鼓励、亲切耐心，使他们获得学习的信心。

做法4：讲究批评艺术，保护自尊心

批评是教育必不可少的辅助手段，但对后进生要慎而又慎。因为处理不当，极易损伤他们那本已不堪一击的自尊心，引起逆反心理，导致旧"病"复发，师生的努力功亏一篑。批评只应在必要时偶尔为之。一要做到客观、实事求是，对事不对人；二要带有感情，让他们感到老师的批评是善意的；三要注意场合、分寸，切忌在公共场合"撕破脸""翻老账"。

与其他学生相比，后进生更需要信任与尊重，所以老师在教育中，应尽可能地保护他们珍贵的自尊心。当然，尊重学生并不等于不严格要求，尊重学生和严格要求学生实际上是统一的。苏联教育家马卡连柯说过："在我们的尊重里，同时也表示出我们对个人的要求。"老师用信任和尊重传递出的期望和要求，远比任何说教、批评都更有效果，更能激发后进生的主观能动性。因此，我们老师今天所要做的，就是抛开偏见，给予那些受到伤害的、生病的"树苗"以真诚的信任与尊重，帮助他们重新树立起自尊与自信，使他们找回自身前进的动力。

做法5：不歧视"差生"，课后辅导要耐心

事实证明，只要我们坚持从大多数学生的实际出发，认真辅导优等生，不歧视"差生"，课后耐心地辅导，给"差生"找"小老师"，提问时让成绩好的学生回答难度较大的深层理解题，让成绩较差的学生来回答比较容易的表层理解题，这样就能帮助学生树立学好知识的"心理优势"。对于"差生"每天要多让他们做些基础题，平时做过的练习，他们不会的再让他们重做一遍，不懂的地方再耐心讲解，这样就可以有效地提高教学质量了。

转变好一个“差生”胜过于教好十个成绩好的学生。诚然，转变“差生”的方法多种多样，但最关键的一点就是教师必须树立信心，端正教育思想，转变陈旧的教育观念，不断与时俱进，更新观念，善于发现、挖掘“差生”的闪光点，同时多一些鼓励，多一些笑容，多一些宽容，让他们在潜移默化中意识到自己的缺点、错误，自觉地奋发向上。

后进生长期后进，经常受到批评、指责和冷落，这时老师多给他们一些关怀、一些爱，不正是雪中送炭吗？一分付出，一分收获。我们老师必须施以爱心，期以耐心，持以恒心，信任并尊重他们，在爱优等生的同时，也别忘了把爱同样无私地献给后进生。

教师容易偏爱好学生，这是人之常情，当然也难免有失偏袒。那如何引导优等生呢？我有以下认识。

第一，我认为对优等生要“优育”，响鼓也要重锤敲，让他们德才兼备、健康成长。爱学生不能只顾眼前，以为听话、学习成绩好就是好学生，而应为他们的长远考虑。在班级中，“优等生”作为一个特殊的群体，以他们的学习兴趣浓厚、学习习惯良好、学习成绩优异、道德行为端正而受到班主任和各科老师的鼓励和表扬。然而，在教育实践中，学习成绩的优秀、道德行为的端正与他们心理健康之间是不能画等号的。一个学习成绩优秀、其他方面表现也很出色、师生交口称赞的学生，也可能心理上是不健康的。时代的发展和进步，竞争和参与意识的增强使学生主体意识和个性意识空前活跃。学生的个性发展和自我实现意识日渐增强，导致学生的心理发展水平参差不齐。成绩优秀的学生心理也会出现空白和荒芜，他们会因长期受到老师的器重和表扬而产生骄傲自满、自私自利、缺少友爱、不乐意助人甚至鄙视“差生”等不健康的心理品质，或不能接受来自老师和同学的半点批评和冷落，稍有不顺便暴露出意志脆弱的特征，甚至仇视的扭曲的不良心理品质。

第二，对于学习成绩特别优秀的学生，我们可以采取灵活机动的管理办法，“优等生”的知识基础和技能一般较强，为了让优等生“吃饱”和“吃好”，要根据他们的需要安排好教学和复习进度。并在复习材料的选取、教学内容的容量和质量的拓展上特别对待，在各科能够均衡发展的基

础上侧重学科竞争等方面的培养，使这些同学既能全面发展，又能有所专长。他们在学习上，可以有更大的自由度，为其更好地发展创造最有利的条件，提供最大限度的空间。

具体做法如下：

一是深入了解学生，关心学生的需求，发现他们学习中的问题。优等生的学习愿望是非常强烈的，任何不利于他们学习的因素都可能引起他们的消极反应，所以应该及时地深入学生中间，了解他们对教师教学及其他问题的一些看法和要求。

二是重视学生的心理健康，关心他们的思想进步。我班有一个学生学习成绩优秀，却不爱劳动、不关心集体，性格也比较孤僻。我开导她，只会读书不是全面发展的人，不能适应竞争激烈的社会，一滴水放在大海里才不会干，一个人只有和集体融合在一起才更有力量。开学不久，我让她担任副班长，有意识地把她推到学生群体中去，以至她不得不带领同学打扫卫生、检查作业，从而学会了与同学交流。渐渐地我发现她与同学之间的关系拉近了、融洽了，性格也开朗了许多。

三是加强对各种考试、竞赛的研究，提高教学的针对性。

四是落实教学常规管理，优化“备、教、辅、改、考”五个环节：①优化集体备课，提升备课质量；②优化课堂教学，提高课堂教学效率；③优化精选作业题，提高作业质量；④注重个别辅导和错题辅导；⑤注重考试质量和课堂讲评。

因此，无论是优等生，还是学困生，我们都不能忽视他们自身存在的问题。对学困生我们应该多一点理解和尊重，多一点信任和支持，多一点表扬和鼓励，多一点温柔和体贴，让他们在“爱”的包容中继续生长。对于优等生我们也要多一点沟通和交流，让他们能够更加健康地成长。

辅差导优，让我们从心开始！

（云南省施甸县由旺镇中村小学　张　娟）

7. 老师，请不要吝啬你的鼓励！

压服而来的威信是一种虚假的骄傲。要让学生心悦诚服，学生才会紧密地团结在老师的周围，形成集体的一种凝聚力和向心力，最终化为激励和鼓舞学生奋发向上的强大动力。

——马卡连柯

［摘自《马卡连柯教育文集》，（苏）马卡连柯著，人民教育出版社 2005 年版］

太阳西沉，我和儿子的“羽毛球大赛”又照例开始了。

“阳阳，今天你可要好好打啊！”“OK，老妈！”儿子说话的底气有些不足。

“你怎么搞的？发个球都发不好，真够笨的！”“你这算接的什么球？”“手上用点劲行不行啊？是不是没吃饭啊？这球连网都过不了！”……开打没多久，我的责备声就铺天盖地地罩向儿子，真是有点恨铁不成钢。

原指望儿子挨批后表现能好一些，没想到他越打越差，有时一连几个球都发不过来，球落地后捡球时还要看看我，简直是一只“惊弓之鸟”。这样下去不行，他的兴趣会越来越弱。问题应该出在我这儿，略一思索，我知道自己该怎么办了。

“别怕！慢慢来。”“好球！”“这球接得棒！”“太棒了！”在我的鼓励声中，儿子越战越勇，在他的凌厉攻势下，我几乎只有招架之功，而无还手之力了。望着儿子兴奋的表情，望着儿子踌躇满志的样子，我为自己能及时改变战术而感到高兴。

一场球赛打下来，虽然母子俩都是气喘吁吁的，但都掩盖不住各自激

动快乐的心情。从儿子对我亲昵的举动上，我明显感觉到了这场球赛拉近了母子间的距离。

两种截然相反的态度引发了不同的效果，这说明了什么呢？也许是老师的职业病，本能地，我一下子联想到了平时对学生的教育，作为老师，我们为何要吝啬对学生的鼓励呢？

平时，我们经常会碰到学生做事不如意的时候，大多数情况下，我们会发出这样的指责："看看你，这点小事也做不了，将来能成什么大气候？""不会就别逞能了！""你的脑子放着做什么用的？这么简单的问题都不会回答！""这种事你也做得出，你还是个学生吗？"……你说得口干舌燥，而被呵斥的对象——学生呢？表面看来是毕恭毕敬地聆听你的教诲，然而这样的教育又有多大的效果？可以说是收效甚微，学生是左耳进右耳出，有的还会变本加厉，在错误的道路上越走越远。

说实话，从教师的内心出发，这样做也是为学生好，否则大可以睁只眼闭只眼，何必做此费力不讨好的事呢？但是，我们应该想到，老师面对的是学生，是活生生的人，是有感情、会思考的，他们也有自尊心。俗话说，人敬我一尺，我敬人一丈。再调皮、再差劲的学生也渴望被尊重。如果我们换一种态度又会怎么样呢？

我清楚地记得，我曾经教过的一个叫张龙的学生，由于父母都是聋哑人，缺少家庭教育的他成了令老师们头疼的另类分子，我一接手他所在的那个班，前任老师马上就告诉我了这一情况，让我"提高警惕"。因此我对这个学生多了一个心眼。果然，张龙"不负众望"，班里调皮捣蛋的事必少不了他，而且凭着自己人高马大，他经常欺负同学，而且因为不服管教，把年轻的英语老师气得大哭。我苦口婆心，软硬兼施，都无济于事，他依然我行我素。他什么样的架势没见过，我的批评说教对于他来说是小菜一碟。真是伤脑筋啊！管他吧，不知道怎么管；不管他吧，影响整个班级。就在我一筹莫展之时，一次班干部的竞选让我见到了曙光。为了让每个同学都有管理班级的机会，增强学生的主人翁意识，我每个月都要进行一次班干部竞选。开学一个月了，照例新一轮竞选活动又开始了。同学们热情高涨，班长、副班长、学习委员……一个一个都"名花有主"了。下面要竞选劳动委员了，这可不是一个“美差”，就在举起来不多的手中，我发现了他，他显然很迟疑，举起又放下，又再举起。他难道也愿意为班级、为同学们服务？让他做劳动委员是否有些危险？但这也许是个好机会。我当机立断：“同学们，张龙愿意做劳动委员，你们同意吗?”同学们迟疑了一下（说实话，班里有几个学生没有吃过他的苦头呢?），但很快就爆发出了一阵持久而热烈的掌声。多好的学生啊，他们抛开了往日的不满，而把这个改过自新的机会给了他。我笑着说：“下面有请张龙说说他的‘施政纲领’。”张龙说话显然有些吞吞吐吐，但从同学们的掌声中，我感受到了同学们对张龙的信任。“好，张龙，老师相信你一定会把这个劳动委员当好的，你一定会让我们班级的卫生面貌大改观的……”说来奇怪，此时我居然在张龙的眼角看到了晶莹的泪珠，这么强悍的“男子汉”也会流泪？我的心灵受到了强烈的震撼。以后，张龙的表现确实令人吃惊，他的脾气收敛了许多。趁热打铁，我又和其他科任老师联系，让各科老师对他多表扬少批评。虽然他有时也有些反复，但再也不是班级管理中的老大难问题了，学习成绩也大有改观，他甚至还为自己的过错主动向英语老师承认了错误。张龙懂事了，作为班主任还有什么比这更开心的事呢？虽然时隔多年，但我依然记忆犹新。

从对儿子和张龙的成功教育的案例中，我感受颇深。作为父母，平时要对孩子多一些鼓励，孩子在你的鼓励声中，自信心会越来越强，这也是孩子成才的必备条件；作为老师，对学生的表扬常挂嘴边同样重要。课上，学生一时答不出问题，为了不影响教学进度，你可以改叫别人来回答，但势必会对这位学生造成伤害。如果你鼓励他：“别急，好好想想，相信你会想出来的。”实在不行，给他一些暗示，你要知道，对于一个学生来说，这有多么重要，说大了，可能会影响他的一生，说小一点，关系到以后他上课是否还愿意举手发言，而且你对这个学生的鼓励，也会影响到其他学生。由此可知为什么有些老师的课堂气氛活跃，有些老师的课堂则死气沉沉。虽说有学生的先天因素，但更多地取决于老师对学生的态度。

一个班主任、一个老师，在对学生的教育中，威信是相当重要的。但这威信的建立不是靠压服，你对学生的鼓励正是你对他的尊重和信任。你尊重学生，学生自然也会尊重你，一个良好的班集体就是这样建立的。正如苏联教育家马卡连柯所说：“压服而来的威信是一种虚假的骄傲。要让学生心悦诚服，学生才会紧密地团结在老师的周围，形成集体的一种凝聚力和向心力，最终化为激励和鼓舞学生奋发向上的强大动力。”

由此可见，教师对学生的鼓励有多重要，有时，你的一个微笑、一次抚摸、一个赞赏的目光，都是对学生的鼓励，都会使学生受益终身。所以，老师们，不要吝啬你的鼓励，一声鼓励对你来说是举手之劳，但对学生来说却是意义非凡的。当我们面对学生时，应多点微笑、多点掌声、多点关心……相信你的一声声鼓励会让你收获累累硕果的。

（江苏省宜兴市铜峰小学　朱云珠）

8. 马卡连柯教我如何对待违纪学生

纪律不是靠某些个别的“惩戒”措施形成的，而是由整个教育体系、全部生活环境、儿童受到的所有影响造就的。这样地理解纪律，纪律就不是正确的教育的原因、方法和方式，而是正确的教育的结果。正确的纪律，这是教育者应该竭尽全力地追求的并借助于它能支配的一切手段达到的最好结果。

——马卡连柯

[摘自《马卡连柯教育文集》，（苏）马卡连柯著，人民教育出版社 2005 年版]

马卡连柯说：“纪律不是靠某些个别的‘惩戒’措施形成的，而是由整个教育体系、全部生活环境、儿童受到的所有影响造就的。这样地理解纪律，纪律就不是正确的教育的原因、方法和方式，而是正确的教育的结果。正确的纪律，这是教育者应该竭尽全力地追求的并借助于它能支配的一切手段达到的最好结果。”这句话正是我在教育教学中的“他山之石”，如今我真正体味到了“攻玉”后的甘甜。下面与大家分享一下。

一、用正确的惩罚制度处分违纪学生

马卡连柯告诉我们：“如果没有正确的制度，惩罚本身不能带来任何好处。而如果有了好的制度，即使没有惩罚也能如鱼得水，只是需要更多的耐心。”学生违反纪律本身是一件不好的事情，我们班主任怎样将这些不好的事情巧妙地转变为好事呢？最近一年多来，我在班上大力推行这样一种处罚制度：对违反纪律情节比较轻的学生，我罚他讲一个有

趣的故事或者唱一首动听的歌；对于违反纪律情节比较严重的学生，我罚他们用正楷字写一份300字左右的违纪自我反思书，在反思书中描述他当时的违纪心理，这里的违纪反思书不是保证书更不是检讨书。这一处罚方式是借鉴马卡连柯的教育方法。经过半年时间的实践后，我发现这种处罚制度的效果比以前那种犯错误就罚站或者通知家长效果好多了。具体收效如下：

第一，违纪的学生一般不会对老师产生心理上的抵触情绪，因为他在上面唱歌或者讲故事时，下面的同学会给予他热烈的掌声，大家的目光都集中在他身上，对他的口才及胆量是一种考验和训练，可以说他是在一种很快乐的氛围中受到教育的。

第二，写违纪自我反思书的学生要用正楷字来写，这间接地帮他们练了字，同时还培养了组织语言的能力。

第三，能够促进学生的心态更加积极，可以发掘到一部分学生的潜能。班上有一名叫李如茜的女生，平时不爱说话，有一次违反了学校的课间管理条例。她自己选择了罚上讲台讲故事，结果讲得很流畅，而且情节生动，获得了同学们一阵又一阵的掌声，在同学们的掌声中，她在众人面前表现自己的自信心大大增强了，而且充分地意识到自己其实并不比别人差。

二、批评学生，达到令学生虚心接受才是批评的结果

马卡连柯曾经说过：“用放大镜看学生的优点，用缩小镜看学生的缺点。”我国著名的作家刘心武先生在他的一篇作品中也有这样一句经典的话：“一个丑恶的罪犯也有他自己的心灵美!”我们的学生再怎么调皮，也不至于将他与罪犯等同起来吧？

记得我刚做班主任的时候火气是比较大的，很容易在课堂上发脾气批评学生，有时弄得自己也很难堪，而且我发现用这种方法批评学生，即使他表面上服气了，但实际上他只是摄于你做班主任的威严，心里并不服气。一次看《人与自然》的科学纪录片时有这样一个场面：老虎等凶猛的动物在进攻前首先是身体向后撤退。为什么撤退呢？是为了更好地向前进

攻！由此我联想到在做班主任的过程中处理违纪学生的种种情况，我为什么不学学老虎的做法呢？

从此我不断地反思和探索，摸索出一些行之有效的招数。第一招叫作“退四进一”，我们批评学生一个缺点的时候不妨先表扬他的四个优点，此谓之“退四进一”。每一个学生都有自己的优点，作为班主任应该善于捕捉每一个学生身上的闪光点，虽然可能只是一个小小的闪光点，但很有可能通过这个小小的闪光点可以挖掘出埋藏在学生心里的大金矿。

我们班有个男生赵涵，性格比较反叛，具体表现可以用两句话来总结概括：班主任说什么他都不乐意，班干部做什么他都认为不对。但是这个学生有一个爱好——爱玩悠悠球，口才和反应能力都很不错，美术能力也是响当当的。在一次学校组织的悠悠球比赛中，我们班以4:2获胜了，其中他的功劳最大。于是我立即把握住这个大好时机找他谈话，首先我赞扬他在悠悠球比赛上表现如何积极英勇，关键时刻力挽狂澜，为班级的胜利奠定了坚实的基础，鼓舞了同学们的信心。之后我和他聊起了“火力少年王”冠军白水（大陆第一个参加亚洲悠悠球大赛的选手）和中村名人（日本第一个职业悠悠球选手）。聊完后我发现他的脸上露出了春天般的微笑，之后我又跟他回顾在主题班会上他如何舌战群雄，然后我大力表扬他办的黑板报如何别具一格，赞扬完后我发现他颇为自得，这个时候我看准时机话题突然一转：“但是，你那么有才干，班上却没有一个人选你当班干部，你有没有冷静地思考过为什么？”然后我跟他一一分析原因，开始的时候他还只是点点头，到了后来他自己主动表态。过了一段时间我又约他长谈了一次，慢慢地我发现这个学生在学习态度及与同学相处方面有了很大的改观，期中考试后他第一个跑到我家里来问自己的成绩有没有进步。五年级开学我起用他做班干部，他做得很出色，而且曾经有一次考试进入了全年级前十名。

三、做好家庭教育与学校教育的配合

我校一直开办“家长班主任”班。在我班中，家长即副班主任，每天学生的表现我都会通过校讯通通知家长。我常常在“家长班主任”班中用

马卡连柯的一句话告诫家长们："有的家长滥用劝说，有的滥用各种各样的解释性谈话，有的滥用爱抚，有的滥用命令，有的滥用鼓励，有的滥用惩罚，有的滥用让步，有的滥用强硬措施。在家庭生活的过程中，当然在许许多多情境下采用爱抚、谈话、强硬措施甚至让步是合适的。但是当问题涉及制度时，所有这些形式都应该让位给一种最主要的形式，这种唯一的和最好的形式就是命令。"

孩子取得了成绩应该表扬，犯了错误也应该批评，但表扬与批评的尺度很难把握。不鼓励、不批评是不行的，可鼓励与批评过急了，孩子的心态往往会出现反常，究竟该如何对待，几句话很难讲清楚，在这里我就把我班刘鹏同学家长教育的具体事例分享给大家。

有一阵子，刘鹏的学习成绩不错，每次作业几乎都是优，为了鼓励他，家长不仅赞扬了他，还买了很多他喜欢吃的、玩的、穿的，甚至还满足了他提出的比较过分的要求。结果期中考试令人很失望。通过这件事，家长逐渐学会了如何把握好分寸，该赞扬的赞扬，但绝不过分。

有一回家长无意中发现他的作业本上有很多"良"，当时他爸爸很气愤，但是冷静一想，先别急躁，以免刺伤他的自尊心，达到相反的效果。于是他爸爸平静地问他："你的作业怎么那么多'良'呀，是不是又马马虎虎地做作业了？"他作了一些解释，尽管他的解释明显有点牵强，他爸爸也不去揭穿，至少他知道自己是错的，稍微指责一下也就算了，关键是让他本人意识到问题所在。

可能有人认为他的家长对孩子的要求太松，其实不然，该严厉时还得严厉。有一次，他爸爸打听到他们课外补习班连续三次被取消了，他却撒谎说去上课，而其实是打球去了。这次他爸爸毫不客气，回家后大发脾气，恶狠狠地教训了他一顿。打球并不是坏事，主要针对的是他撒谎的问题。他很少见他爸爸发脾气，因此觉得自己的错误犯得很大，有点害怕，他妈妈抓住这个机会，跟他谈了许多做人的道理，他自然而然地都听进去了，从那以后再也没犯过类似的错误。

通过刘鹏同学的事例，我总结了以下道理：孩子有了一点成绩，家长不要过于高兴；犯了错误也不要轻易发火，一方面要给孩子留有余地，另一方面在他知错时要抓住时机，理智地对他进行教育，具体如何正确对待还得看当时的情况而定。

以上是我学习教育大师马卡连柯的一点收获，希望能起到抛砖引玉的作用。

（黑龙江省齐齐哈尔市建华区师范附小　张丽敏）

9. 由马卡连柯的教育思想看后进生的转化

我们产品有不合格率，但我们的教育不允许有哪怕微乎其微的废品，我们做教育的应该接受这个命题。

——马卡连柯

[摘自《马卡连柯教育文集》，（苏）马卡连柯著，人民教育出版社 2005 年版]

作为一名教师，我们如何有效地转化后进生，让他们幸福地成长与成才，苏联伟大的教育家马卡连柯的教育思想带给我们很多启示。笔者重点从马卡连柯教育思想对于我们当前班级管理中后进生的转化方面谈一下自己的浅薄之见。

反思 1：要有“化腐朽为神奇”的期待

对孩子们的教育，马卡连柯有一句话特别让我感动，他说：“我们产品有不合格率，但我们的教育不允许有哪怕微乎其微的废品，我们做教育的应该接受这个命题。”想想马卡连柯，作为一所管理流浪儿和违法青少年的特殊教育机构的负责人，无论是当时面对的教育对象、教育条件还是教育环境，与我们现在都不能同日而语。但他抱着“对人的价值的肯定，对生活的无限热爱以及善于洞察生活中一切细节”的教育态度，一生中转化过 3000 多名后进生，像奥普利希柯、叶夫斯基格尼耶夫、瓦夏、卡拉巴林这些身上曾经存在诸多问题的孩子，后来都成了著名的人物，其中卡拉巴林竟然成了马卡连柯亲密的助手。

因此，作为教师，我们必须摒弃对后进生的偏见，应该有“转换好一个后进生比培养好一个优秀学生更重要”的理性认识，绝不能认为他们已经无可救药，没有希望了，更不要以应试的功利忽视所谓的高考中的“分母”，而要始终相信我们面对的后进生有可能就是卡拉巴林。更重要的是在教育的路上，我们要做好转化后进生是不可能一蹴而就的心理准备。

2005 年，我班有一位学生连续三天没有到校上课，但他每天早晨给我打个电话说要照顾他的妈妈。通过一年的接触，我知道这是个孝顺、懂事的孩子，但他爱玩游戏机的习惯还是提醒我，应该多留一个“心眼”。我联系上他的家人，知道他在撒谎，当孩子被他哥从游戏厅带到我面前时痛哭流涕，嘴里只说着：“老师，对不起，但我控制不了自己，每当走到游戏厅门口，就像被鬼推着一样，说去上学脚却不由得走进了游戏厅。”听完孩子的话，我理解了他的不自觉，并且与他哥约定，每天上学由他哥送，我在校门口接，后来他再也没去过游戏厅，2006 年参加高考，竟然考上了一所名校。

这个学生的事例告诉我，没有一个学生会自甘堕落。许多后进生故态复萌是一种正常的现象，我们做教师的应该怀有一种能“化腐朽为神奇”的期待，允许孩子反复犯错，也应该努力相信我们的孩子不是“刀枪不入”、顽劣不化的，是能转变的，只不过需要我们付出更多的时间与耐心。

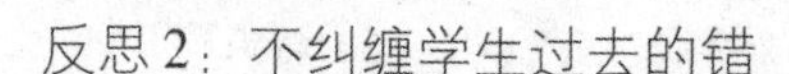
反思 2：不纠缠学生过去的错

现在，我们许多教师总是容易带着偏见看待自己的学生，“朽木不可雕也”的定势思维左右着他们的思想，因此在悲观的抱怨中轻视着后进生的转变。当后进生犯了错误，教师总会纠缠学生曾经的过往：昨天犯了什么错，前天犯了什么错。

其实，马卡连柯在工学团面对的学生，大都曾经劣迹斑斑，但他始终坚守一种不抛弃、不放弃的态度，不以孩子的昨天看今天，同时他也告诫其他教职工，不要问孩子“从哪儿来，为什么来”。

马卡连柯一个看似简单的“不要问”却蕴涵了一个教育者人道主义的情怀，并与他曾说的“宽容地对待那些没有开花的理想”的教育思想是一致的。面对后进生，我们班主任不能单纯地认为孩子的历史不存在，但努力分

析记录每个后进生的历史只是为了加深了解，找到他走到今天的原因，然后对症下药地帮助他，而不是把珍藏历史作为训斥的理由与借口。

2006年，我与学生在班内建了一个小型图书馆，里面的图书是由我与学生共同捐献的，书柜不上锁，只安排了两个学生专门负责学生的借阅登记。试行了一段时间，效果不错，但有一天，小图书管理员向我反映：《古文观止》与《穆斯林的葬礼》不见了，并说很多人猜测窃书者是某某某（据我对某某某过去的了解，他的确有偷人东西的坏毛病）。听到这个消息我特别生气，在班会上说："给拿书的同学两天期限，去我那儿归还，否则查出来……"当天晚上，被怀疑的同学课下找到我说："老师，有时间吗？我想与您谈谈。"答应了他的要求后，我还在想晚上见面该怎么说。晚上，当这个孩子一进办公室面红耳赤地耷拉着脑袋，我就想这下真相该大白了，于是明知故问："有什么心里话想和老师说？"他说："老师，书是我偷的。"听到孩子自责的语气，我开玩笑说："窃书不算偷书吧？""老师，我不应该！""老师不仅不批评你，而且还要表扬你，听说你过去最头疼的就是看书，现在竟然主动看起书来，并且还看《古文观止》，这难道不值得表扬吗？"随后，我又告诉孩子看书是好事，但要登记，因为这是班级的一项制度。

看着孩子如释重负地走出办公室，我想，如果我们教师只记得孩子过去坏的行为，并翻起历史旧账教训他一顿，也许孩子永远会把自己定位成一个偷窃者的角色。"人的优良品质必须加以培养"，这是马卡连柯告诉我们的，这也是一个教育者的任务，不纠缠学生过去的错误是教师对待后进生必守的信条。

反思3：用尊重与信任医治受伤的翅膀

《马卡连柯教育文集》里有一个特别让人感动的故事，直到现在我依然记忆犹新。一个叫谢苗·卡拉巴林的问题少年，曾经是"匪首们未成年的战友"，屡屡犯错。面对这样一个问题学生，马卡连柯却大胆地把枪支、弹药、马匹交给他，让他去领取救济款。当卡拉巴林光荣完成任务，把钱交给马卡连柯后，马卡连柯数也不数直接把钱放进抽屉里，卡拉巴林几次提出清点钱的要求，马卡连柯却说：“我知道你这个人跟我一样诚实。”

马卡连柯以尊重与信任的良药，医治好了卡拉巴林那受伤的翅膀，使他懂得了人的尊严，认识到了人的价值，后来他竟然成为教育院领导集体的核心成员。

心理学家认为，追求信任与尊重是正常人的普遍心理，它几乎贯穿于人的一生。而对“差班”的学生而言，他人多年的漠视让他们缺少了信任意识，面对这一个个有血有肉的孩子，我们做教师的需要像马卡连柯那样从来不把失足青少年当作违法者或流浪儿看待，而把他们看作“具有积极因素和发展可能的人”，用信任换取信任。信任源自对学生的尊重，当你从尊重学生的人格、信任学生的行为出发时，你不仅会赢得学生的信任，燃起学生热爱生活、追求美好的火光，而且还会产生更加合理的教育效果。

反思4：把美洒向各个角落，再造美的心灵

班级管理分三个层次：人管人、制度管人与文化管人。其实班级文化有无内涵在很大程度上体现为集体环境的优劣，马卡连柯说：“不是教育者来教育，是环境，即使是最好的儿童，如果生活在组织不好的集体里，也会很快变成一群小野兽。”马卡连柯在领导捷尔任斯基公社期间，根据人的心理对美的种种感受，运用美学观点来考虑学校建筑，组织了许多与美育有关的活动小组，以此来培养学员对美的感受、对美的追求，最终达成再造美的心灵的良好愿望。其中，一个教育细节让人深思：每当为新加入集体的学员举行欢迎仪式时，马卡连柯总要组织新学员完成洗、理和换装仪式，简单的形式却用意深远，新学员不仅与自己灰色的过去告别，也接受了一次美的熏陶。

教师应当是努力美化集体的教师，带后进生多的班主任更要在美化集体上下功夫，通过班级硬环境、软环境建设打造积极、健康的文化，构建全班学生高贵典雅的精神家园。

在班级的布置上，班主任应该重视给孩子们积累美，力求在“整、洁、静”常规工作做好的基础上，多在班级文化品位上作一些努力。例

如，班级醒目的励志语言、温馨的宣传画、展示学生成果的荣誉栏、班报等内容的设计与悬挂都应体现积极暗示的意味。在提高学生学习兴趣上，班主任可以针对后进生的学情，指导确立集体奋斗目标和帮助个人制定相应的发展性目标，让不同的学生在课堂上获得不同的发展，让不同层次的学生都行走在追求梦想的路上。在提高学生的审美情趣上，班主任始终要有“校园永远与社会隔着一堵墙”的意识，倡导学生不赶时髦、不标新立异、不穿奇装异服，保持本色与朴素的面目，崇尚高雅文化。在拓展学生素质、改变后进生自信心不足的问题上，我们可以针对后进生进行励志教育和理想教育，帮助他们树立正确的主流价值观。在后进生学习兴趣培养方面，我们可以采用马卡连柯“平行影响”的教育方法，让学生体验到自己是教育的主体，鼓励优秀学生与后进生结对子，以便提高后进生的自信心。

反思 5：不吝啬你的赞美、不收敛你的惩罚

前段时间，校长去听一个教师的课，有一个学生无故缺课，事后学生的一句话很让人吃惊：“每天认真听课，但老师们上课从来不理我，我故意逃课想引起老师的注意。”事实上，“差生”更渴望被人认可，当他们身上表现出的美不被关注后，他们可能会通过丑的方式来吸引别人的注意。注重对学生的激励，让每个学生感受到被认可的快乐，应该是我们教师矢志不移的追求。因此，我们应该不失时机地寻找学生的闪光点来表扬、激励他们。也许基础弱的学生不一定能考上好大学，但激励教育方式在他们身上所形成的善良、向上、文明、自信、大方等美好品质将是他们步入社会、走向成功的重要资本。

教育光有奖励远远不够，还有一项功能就是纠正学生发展个性中有害的东西，正如马卡连柯所说的“给慈爱和严厉制定标准”。但现在许多教师在“教育拒绝惩罚”这一主流声音面前却变得小心翼翼，更有甚者说出了“管不了就不管”这样无奈而又不负责的话。马卡连柯旗帜鲜明地提出“惩罚不仅是一种权利，也是一种义务”“教师如果在需要生气的时候就生气，甚至比和颜悦色还要有效”。从教几年，我既当年级组组长，又当班

主任，还代课，可以说是处在教学、管理学生的第一线，对于学生有着深厚的感情和最真实的理解。说实话，我们不能从道德上把学生分成三六九等，但学生之间的行为习惯、处事方式的确有很大的不同。当有一些习惯背离了一种正确的标准，这就需要教师的教育，学生性格的差异性使得一部分学生采用说教方式就能转化过来，但另一部分学生仍然顽固不化，这时候，惩罚是必要的也是必需的。适度、合理的惩罚不仅让犯错的学生体验到自己对集体的责任、自己对个人的责任，更有助于明确他们的是非观。

反思 6：后进生的转化需形成教育的合力

马卡连柯曾说："无论哪一个教师，都不能单独地进行工作，都不能作个人冒险，不能要求个人负责，而应当成为教师集体的一分子。"这就说明，后进生转化工作不可能只依靠个人的力量。班主任、科任教师、家长都应该发挥作用，才能达到教育的目地。在这几种角色中，班主任应该起主导作用。几年的班级管理经历，让我深深知道班主任在学生心目中的较高地位，学生有许多话不一定对科任教师说，但一般情况下会向班主任倾诉。

大多数的后进生之所以走到今天，也与他们的家庭有很大的关系。笔者曾经进行过统计，70% 的后进生不是来自单亲家庭就是来自留守家庭，要想彻底转变他们，班主任必须取得监护人对班主任工作的大力支持。

此外，班主任应该明白，无论与哪一方的沟通都是为了解决问题。当有的教师、家长向你喋喋不休地抱怨孩子差的时候，当有的孩子指责家长、教师做得不够好的时候，班主任要学会屏蔽对孩子成长不利的信息。

反思 7：用爱的语言温暖学生的心灵

马卡连柯有一句名言："我们要善于这样说话：使孩子们在我们的话里感到我们的意志，感到我们的修养，感觉到我们的个性。"事实上，很多教师缺少认真倾听、真诚与学生交流的耐心，批评学生不注意场合，说话不讲究分寸，当后进生的言行举止刺激到他们的神经时，他们总会恶语伤人。

记得曾有一名高三班主任来到我的办公室，眼里噙着泪花，情绪特别激动地说："高主任，我们班有个学生上课接电话，我让她出去，她还顶嘴。如果她不离开这个班，我就没法带班了。"作为一名分管学生工作的老师，我没有推辞的理由。在去他们教室的路上，我还在想每天为高考而忙碌的教师多么不易，决心狠狠地批评一下那个学生，替班主任出点气。领着那个学生回到办公室后，她没等我问话，边哭边说："老师，我上课接电话不应该，可是老师却骂了我很多难听的话，并用'某某大小姐'等话语挖苦我。"

俗话说："箭伤肉体，话伤灵魂。"教师在批评教育学生时，要处处从爱护学生出发，最大限度地保护学生的自尊心，把严格要求与尊重人格结合起来，注意批评的场合，寻找批评的最佳方式。当后进生的言行举止刺激老师的神经时，班主任更要像马卡连柯那样用爱的语言对学生动之以情，晓之以理，就像理解当年易犯错误的我们一样理解学生，这样才能渐渐消除他们的对抗心理，使其诚心接受教师的教育。

作为一名教师，我们毁掉一个孩子很容易，成全一个孩子却很难，马卡连柯的教育思想对我们如何转化后进生仍然有重要的意义。我们应该用我们的智慧和真情面对学生，面对他们成长中的困惑。我希望走出校园的每一个学生都能像卡拉巴林一样唱着这样一首悦耳动听的歌："高山背后，飞出一群老鹰，它们边飞边叫，寻找着美好的生活。"

（内蒙古包头市白云区第十八中学　高飞鹏）

教与学

1. 英语课堂调控艺术之我见

做教师的决不能够没有表情，不善于表情的人就不可能做教师。

——马卡连柯

[摘自《马卡连柯教育文集》，(苏）马卡连柯著，人民教育出版社2005年版]

苏联教育家马卡连柯曾强烈建议教师掌握教育技巧，他说：“做教师的决不能够没有表情，不善于表情的人就不可能做教师。”“如果你能用15种声调说‘到这里来’时，你才是一个掌握了教育技巧的人。”课堂教学是实施素质教育的主阵地，课堂上对学生注意力的调控，是决定课堂教学效益的主要因素。运用教育技巧（如控制自己的表情、掌握自己的声调）科学地调控学生的课堂注意力，对于形成活泼、和谐、高效的课堂教学氛围起着重要的作用。笔者在教学实践中，感觉以下几种教学调控手段颇为有效。

一、目光调控

爱默生说，人的眼睛和舌头说的话一样多，不需要字典，却能从眼睛的语言中了解一切。当学生在课堂上窃窃私语或目光游离时，老师一个关怀的眼神，也许就能使学生马上调整自己的航向。上课前，教师一进教室，目光扫视全班，学生也许便能够迅速安静下来。如果一个学生想回答问题而又犹豫不决，教师用期待的目光望他一会儿，也许他就下定了决心。记得在澳大利亚学习时，因为上了一节自己感觉不是很成功的课，心里很不是滋味，我的英文老师Russell温和地注视着我，好像在说："Guy, you did a good job."（你做得很好。）我顿时信心倍增。可见，目光调控对我们的课堂调控起着多么重要的作用。

二、语言调控

语言是人们交流思想感情的工具。语言调控是课堂教学最主要的调控手段，语言的调控应注意言简意赅。比如，我们的课堂教学中经常会使用这样的语句：come here（过来），go back（回去），listen（听），look（看），say together（一起说），follow me（跟我来）等，这些语言通俗流畅，学生乐于接受。同时激励性和鼓励性的语言也便于学生接受。如讲课时，可以说："Last class you did a good job. I hope you can do better this class. Can you?"（上节课你们做得很好。我希望这节课你们能做得更好。能做到吗?）当学生回答"yes"（能）时，老师说"let's do our best"（让我们做到最好），学生的学习兴趣往往会迅速集中起来。课堂上学生回答问题时，教师一定要勇敢地拿起表扬的武器；表扬回答准确的同学，表扬进步快的同学，表扬每一处值得肯定和赏识的地方。让赏识的阳光照耀每一个孩子，让表扬的涓涓甘泉渗透到每一个孩子的心田，让孩子们在老师仁爱、宽容的光辉的照耀下尽情地汲取知识的营养。教师可以用"good""very well""pretty good""excellent""wonderful""perfect""well done"（非常好）等优美的艺术语言使我们的课堂快与慢有变换，动与静有交替，张与弛有错落，起与浮有波澜。

三、手势调控

用手势调控，简单易行，直观形象，通过这种无声语言，使学生明白教师所要表达的意思，以便学生及时地了解，从而达到课堂调控的目的。正所谓“此时无声胜有声”。手掌朝上，把手一伸，示意学生站起来，英语为“stand up”。手掌朝下，手腕往下一放，示意学生坐下，英语为“sit down”。用食指指耳朵根，示意学生好好听，英语为“listen”。食指外指，意思是“you”。食指与中指同时外指，意思是“you two”。大拇指向上，意为“great”。大拇指向下，意为“bad”。多种手势的交替使用，减少了教师过多的解释，充分利用了时间，提高了课堂效率。

四、情绪调控

教师的情绪直接影响着学生的情绪，是影响学生注意力最敏感的因素之一。学生学习情绪的高低，课堂气氛活跃不活跃，很多时候是与教师有无激情同步的。教师应该充分调动自己情绪的感染力，给知识、信息附加情感色彩，使课堂气氛轻松、和谐、愉快，达到情感交融，使学生进入最佳的学习状态。这样，学生势必会潜移默化地受到教师激情的感染，精神振奋，情绪高涨，课堂教学便处在了教师积极主动的情绪调控之中。当然，在学生违反课堂纪律时，也可以偶尔地“怒”他一下。总之，学生的课堂行为与教师的喜、怒、忧、乐发生共鸣，我们的课堂就会达到“未成曲调先有情”的境界。

五、语调调控

同一种语言用不同的语调、语气可以表达不同的意思。在课堂上，教师要充分利用声音的大小、声调的高低来调控课堂教学。比如，学生情绪比较低落时，教师可以用较高的语调来调动学生的积极性，以提高课堂教学氛围。教师在早上进入教室问候学生时，用轻松缓和的语气说“good morning”，会给学生一种轻松愉快的感觉，产生的效果就是学生乐于上这节课。相反，用沉闷的语气说，学生的反应也绝对是沉闷的，可想而知，学生这一节课的表现必定会兴趣全无。

六、站位调控

我们说的站位是教师的站位。教师在教室中的位置，也影响着课堂的氛围。教师站在教室的中央，便于集中学生的注意力。站在学生中间，便于和学生交流沟通。有时候，教师的声音过低，很多学生听不到，尤其是后排学生听不到，这就要求教师在站位时，可以灵活地处理，便于全体学生都能聆听到教师所讲的内容。再比如，某些学生上课走神时，教师可以站在这些学生旁边，无需语言，学生自然就会集中精力，认真听课。

七、反馈调控

反馈是课堂教学的关键环节。传统的教学方法把学生看作接受信息的容器，教师讲、学生听，教师输出的信息量大，而学生反馈的信息源少，教师对学生的学习情况心里没底，教学过程的调控也往往处于盲目状态。杜郎口教学模式告诉我们，加强教学信息反馈，加强学生参与课堂自主性，有助于提高所有学生的注意力，有助于拓展学生的思维空间，培养学生的积极性和自觉性。教师在课堂教学中，必须及时从学生那里获得反馈信息，并作出简洁、精辟、深刻的分析，从中了解学生对教师输出的知识信息的接受和理解程度，及时调控教学进程，调整知识信息的再输出，扬长救失，亡羊补牢。同时，教师还要善于及时捕捉学生的听课情绪，当学生“干坐”走神时，当学生正在摆弄“玩具”时，老师因势利导、引人深思的巧妙提问无疑是一种清醒剂，能让学生的思想迅速回到课堂，从而将教学继续引向深处。

八、兴趣调控

兴趣是指人们积极探究某种事物和爱好某种活动的心理倾向，是推动学生进行学习活动的内在动力。当学生对学习发生兴趣时，总是学习积极主动，乐此不疲。因而，如果教师能激起学生浓厚的学习兴趣，以趣激疑，以趣激思，那么，英语课堂教学的主动权将牢牢地掌握在教师的有效调控范围内。比如，在讲单词“world”（世界）时，很多学生总是写成

“word”（单词），我对学生们说：“同学们，我要给大家出一道智力题，世界的中间是什么?”一个简单的问题，让所有的学生兴趣大增、绞尽脑汁，最后有一个学生说是“r”（“world”一词中间字母是“r”），顿时所有的学生恍然大悟。但是反过来一想，如果毫无兴趣地给学生讲不要写错这个单词，学生没有兴趣，自然不会重视。可见，兴趣是最好的老师。

教师在平时的教学中，除了运用以上几种调控手段，还可以通过多种手段来调控课堂。一段优美的乐曲会使学生流连忘返，一组精美的课件会使学生铭刻在心，一段凄婉的朗诵会使学生声泪俱下……一般地说，任何一种调控手段都不可能单独使用，而是伴随着其他手段的运用一起发挥作用。

作为新型的英语教师，我们应该综合使用各种调控手段，当好“导演”，让学生不仅仅只是学生，更要充当演员，让课堂不仅仅成为课堂，更要成为“舞台”。只要我们广大英语教师不断地探索调控英语课堂教学的艺术，灵活多变地运用各种调控手段，就一定会使英语教学在轻松、愉快的课堂氛围中达到最佳效果。

（山东省博兴县庞家镇中心学校　郭慧祥）

2. 让《今日说法》走进思想政治课堂

在任何情况下，劳动如果没有与其并行的教育——没有与其并行的政治和社会的教育，就不会有教育的好处，会成为不起作用的一种过程。

——马卡连柯

[摘自《马卡连柯教育文集》，（苏）马卡连柯著，人民教育出版社 2005 年版]

课例设计思想

思想政治课新课程标准强调要改变传统的教学内容的呈现方式，采用生动活泼的、为学生所喜闻乐见的“活动”课形式，变被动式学习为主动式学习，同时要架设社会生活与教材之间联系的桥梁，感受教学在日常生活中的作用，增强学生的情感体验促进学生的思想升华。因此，要适时开展学生活动和相关实践活动，给学生创造机会，让他们自己去体验，去感悟。正如苏联教育家马卡连柯所说的：“在任何情况下，劳动如果没有与其并行的教育——没有与其并行的政治和社会的教育，就不会有教育的好处，会成为不起作用的一种过程。”

把《今日说法》节目引进思想政治课堂有许多优点：首先，这种方法可以启发和促进学生思考问题，提高学生分析问题的能力；使学生思路开阔，从而调动和锻炼学生的观察、记忆、逻辑分析、想象创造和实践决断的能力，有利于开发学生的智力。其次，运用案例教学法，有利于弥补单纯灌输理论知识，进行思想教育的缺陷；案例的有趣性、可读性，可以有效地调动学生的学习积极性，弥补一般教科书叙述简单、推论抽象的弱点，改变理论与实践相脱节的现象。此外，这种教学方法还能锻炼学生的口头表达能力，采用案例教学，在课堂上主要是由学生发言，这就要学生围绕自己的观点组织好发言，这对学生的语言表达能力无疑是很好的锻炼。案例教学法让学生进行主动学习，不仅可增强课堂教学的趣味性，活跃课堂气氛，提高课堂教学的质量，而且有助于创造个性，突出情感体验，促进学生创造能力以及实际解决问题能力的发展，在潜移默化间让学生感悟道理，正确认识、分析社会现象，树立正确的人生观、价值观，可谓一举多得。

课例回放

2010年5月18日中午，中央电视台《今日说法》播出了“路见不平车来填”节目，对我触动很大，因此我打算将此案例应用到课堂教学中。当晚我把该视频进行了适当的剪辑，第二天上课时充分利用该资源进行教学，效果很明显。现将上课的情况予以赘述，望同行们斧正。

师：同学们，今天我们一起来学习第十课《谁为我们护航》（这是教科版七年级下册思想政治课的教学内容）。请大家先看大屏幕（教师播放视频，学生观看）。

[案例描述：2010年4月25日晚上，大货车司机陈国胜在父亲的陪伴下，连夜往北京城里拉绿化用土，行驶至北京市丰台区石榴庄路段时，突然连车带人栽进了长15米、宽10米的大坑里（货车经过瞬间塌陷出来的大坑），在周围群众的帮助下，陈国胜父子俩被及时救出并送往附近一家医院进行检查治疗，陈国胜受轻伤，其父重伤，一直昏迷不醒，陈国胜根本顾不上考虑自己的车。事发后当晚道路抢修的工作就开始了。当地路政部门认为捞车代价大、成本高，在没有告知车主的情况下，就将40多万元的大货车直接用沙土填平埋在地下了。事后，车主多次找当地路政局、交通委交涉索赔，后在媒体介入、社会各界高度关注的情况下，政府路政部门找到他家，陈国胜父子获得了买车款、车上的物品损失、停运损失、医药费、人身损害费、精神抚慰金等方面的补偿，双方达成了一致协议。陈

国胜一家决定再买一辆便宜一点的车继续运营生涯。]

师：各位同学，看了此案例，请根据所预习的第十课的内容或已经学过的知识，大胆地发表自己的看法。

生：在相关部门和当地群众的共同努力下，很快铺好了路，恢复了正常的交通秩序。这说明社会生活需要秩序，秩序来自规则，无规矩不成方圆。在实际生活中，哪里有规则，哪里才有秩序，生活和工作才能顺利进行；反之，哪里没有规则，哪里就没有秩序，生活就一团糟。

师：说得太好了。你能够联系第六课《规则与秩序》的内容，加以应用，融会贯通，可以说是活学活用了，值得表扬。

生："大河有水小河满，小河无水大河干"，个人利益和集体利益在根本上是一致的。公众的通行，相对于车主一家人的损失来说，一个是公共利益，一个是个人利益。事发影响交通、影响居民生活，事件急，时间紧，当地路政部门没来得及告知车主就把车给埋了，说明当个人利益与公共利益发生矛盾时，要以公共利益为重，这是集体主义的表现，也是我们在本学期第二课《我与我们》中学习过的东西。

师：借用一句俗语，揭示出什么是集体主义这样一个大道理的真正内涵，同时能够联系前面学过的知识，起到了温故而知新的作用。你讲得不错，精彩极了，但我觉得如果再作这样的补充就更全面了：优先保护公共利益，但是也不能因此完全忽视个人利益的保护，路政部门在事后应尽快通知相关车主（权利人），取得车主的谅解，及时跟他商量如何赔偿或补偿的问题。

生："只要人人都献出一点爱，世界将变成美好的人间"，当他人处于危难之时，我们大家要伸出援手，帮助他人渡过难关。因为我坚信：没有过不去的坎。陈国胜父子在周围群众的帮助下及时获救，在媒体、社会各界的关注下损失得到了应有的补偿，也说明了这一点。

师：不难看出你是一个乐于助人、富有爱心的学生，将来的你就有可能成为一位著名的"爱心大使"。

生：陈国胜的父亲担心自己儿子的安全也一同上路，自己不慎受重伤，这件事也告诉我们，父爱无边，我们要学会感恩，孝敬父母。

师：你太棒了，学会感恩，知恩图报，孝敬老人是我们每一个炎黄子孙必须具备的基本品德。“人生五伦孝为先，自古孝是百行原”嘛。

生：责任是由一个人所处的角色所决定的应该做的事。角色不同，责任不同，每个人都要承担一定的社会责任。

师：你是一个很负责任的人，可以说是我们班上的楷模啊，深刻，有道理，令我佩服。

生：新闻媒体的记者、社会各界的力量、周围的群众都可以为我们护航。

师：说得不错，课前预习到位，开门见山，直奔主题。

生：当自己的正当权益受到侵害时，要通过正当途径加以解决，切忌瞎胡闹。

师：真是生活的金点子，是啊，“生活就怕瞎折腾”。同学们遇到难题时不妨向他请教，相信会少走弯路，减少许多麻烦。

生：家庭保护、学校保护、社会保护、司法保护是保障未成年人合法权益的四条途径，家庭、学校、社会和司法部门在为我们未成年人保驾护航。

师：说得不错。你帮我们大家具体明确了第十课的学习目标，概括力强、明确具体，很有代表性。由于时间的关系，今天的学习就到这里，相关内容我们下节课再进一步学习。

同学们，今天大家讨论热烈，发言积极，配合密切，我十分欣慰。我想把今天大家在课堂上的积极表现，加以梳理，整理成文，寄给相关的编辑部，如果能够发表，我会把刊载你们表现的杂志交给大家相互传阅，让大家共同分享。

课例评析

案例教学法是一种启发式教学，也是一种参与式教学，更是一种民主式教学，有助于学生理解、掌握知识，有助于培养学生的创新能力和实践能力，在思想品德教学中，案例教学法不失为一种较好的教学方法。本案例教学通过学生自主探究，老师引导学习，组织分析讨论实际案例等过

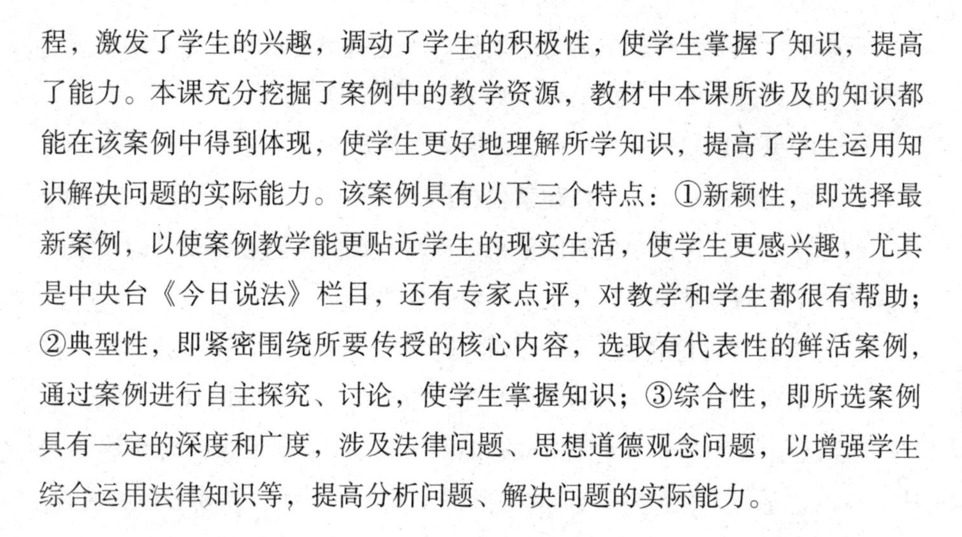

程，激发了学生的兴趣，调动了学生的积极性，使学生掌握了知识，提高了能力。本课充分挖掘了案例中的教学资源，教材中本课所涉及的知识都能在该案例中得到体现，使学生更好地理解所学知识，提高了学生运用知识解决问题的实际能力。该案例具有以下三个特点：①新颖性，即选择最新案例，以使案例教学能更贴近学生的现实生活，使学生更感兴趣，尤其是中央台《今日说法》栏目，还有专家点评，对教学和学生都很有帮助；②典型性，即紧密围绕所要传授的核心内容，选取有代表性的鲜活案例，通过案例进行自主探究、讨论，使学生掌握知识；③综合性，即所选案例具有一定的深度和广度，涉及法律问题、思想道德观念问题，以增强学生综合运用法律知识等，提高分析问题、解决问题的实际能力。

课例反思

（1）要处理好预设与生成的关系。教学需要预设，更需要生成。作为教师，我们一方面要注意研究课程标准和教学资源，有效把握学情，精心设计教学预案，另一方面还要历练教学智慧，运用教学机智，时刻关注学生在课堂教学过程中的反应，有效利用课堂中学生的各种生成性资源，以弥补教学预设中的不足。唯其如此，我们的教学才能真正有序和谐，优质高效，绽放精彩。

（2）要坚持“一切为教学内容服务、为学生服务”的观点。精选情境、案例等资料，进行多媒体教学，能够使教学内容化静为动，教学过程化枯燥为有趣，教学氛围化无声为有声，可以有效地引发学生探究新知识的兴趣，使教与学双边活动处于“活化”的状态。教师只有把主动权交给学生，才能使学生的自主性得到发挥，思维得到活跃，智力得到发展，情操得到陶冶，才有利于学生的创新精神和实践能力的培养。在教学中，教师要充分利用各种有利条件，让学生在趣味中增长知识，在理解中提高觉悟。

（3）注重培养学生在课堂上的参与意识。教学中，教师应不断激活新的教学状态，不断唤醒学生的主体意识，正确、恰当、灵活地组织、帮助和指导学生进行学习活动，并尽可能地创设学习情境，激发学生的学习动机，调动学生积极参与教学活动的兴趣，使他们在教师的指导下朝着预定的教学目标迈进。

学起于思，思起于疑，任何研究探索，都从问题开始，教师要善于营造积极、宽松的思维氛围，鼓励学生提出个人见解，当有争议时，要肯定学生的标新立异，保护学生的创新精神，对存在的问题教师要及时予以点拨，疏通学生的思维障碍，开发学生的创造性思维。

（4）贯穿“理论联系实际”原则。学习思想政治，不仅仅是学习一些理论，运用理论来分析身边的所见所闻，指导学生树立与时代要求相一致的价值观念，更重要的是把已有的知识、理论和最新发生的时事联系起来。应用“平行教育影响”，需要教师深刻地了解学生，需要教师的机智。同时，也需要教师掌握一定的教育技巧，善于在不同的条件下去应用它，体现出科学理论与时俱进的特色来。

（甘肃省酒泉市第五中学　刘锡邦）

3. 细微之处见教育

我们教师正面临着一项最光荣、最困难的任务：在教师身上承担着全国的希望，这就是说，我们要为共产主义社会培养人才，在我们的肩上要成长起新的人来，并且在全世界面前建立起完美的共产主义社会，——我们在创造新文化的事业中占据最光荣最显著的地位。

——马卡连柯

[摘自《马卡连柯教育文集》，（苏）马卡连柯著，人民教育出版社 2005 年版]

苏联教育家马卡连柯说："我们教师正面临着一项最光荣、最困难的任务：在教师身上承担着全国的希望，这就是说，我们要为共产主义社会培养人才，在我们的肩上要成长起新的人来，并且在全世界面前建立起完美的共产主义社会，——我们在创造新文化的事业中占据最光荣最显著的地位。"这就是说我们做教师工作的，必须要规范自己的言行举止，为人师表，以身立教，无论是在课上，还是在课间，教师都要为学生树立良好的榜样。那么，教师要如何做到"为人师表，以身立教"呢？

做法 1：加强文化修养

教师的职业是一个终生学习的职业，学生需要一杯水，你要为他们准备一桶水，这就需要教师不断地学习，不断地钻研教学，不断地提高自身的文化修养。根据新课程改革的发展趋势，小学各门学科都有着内在的联系，课堂上已经不再是单纯地传授某一科的知识技能。例如：美术课《可爱的动物》（广东省岭南版）一课，单单只讲技能技巧，学生就只能注意到动物本身的外形特点，花纹与色彩的特性，却忽略了动物的生活习性和动物本身的生活。这样画出来的画面就仅是一些熟悉的动物，整个画面不生动，缺乏创意，主题也不明确。这就需要老师在备课时通过网络等渠道查找资料，把美术学科和其他学科整合，通过美术与语文、音乐、科学、信息技术等学科相联系的方式引导学生从不同角度去思考，联系我们的生活实际和已经学过的知识来表达自己的所知、所想、所言。这个过程就是教师学习的过程，也是丰富自我、更新教育理念、改变教学手段的过程。可见，教师的文化修养的提高深刻影响着学生的学习发展。

做法 2：规范行为习惯

教师的一个手势、一个动作是否优雅，都直接影响着学生的性格发展，教师的良好习惯一定会在无形中为学生树立良好的榜样。事实证明：一个班主任的板书美观，他的学生大多也能做到作业工整干净；一个老师早读及时到位，他的学生也能做到基本不迟到。这就是行动教育的力量，有时比更多的言语来得更有效。

教师的行为表达着情感，学生从教师行为中接受着情感的熏染和启迪。课堂上，光靠教师的言语教育是远远不够的，教师的手势、眼神更是可以和学生产生心灵的碰撞。教育是人与人心灵上的相互接触，教师所表现出的道德面貌，既是学生认识社会、认识问题、认识人与人关系的一面镜子，也是学生道德品质成长的最直观、最生动的榜样。

做法 3：培养语言思维

教师的语言是否标准、流畅、优美，直接影响学生的语言习惯。一个普通话标准的老师，他的学生发音才能标准。如果教师在课堂上重复很多口头语，那么他的学生的作文水平也会受到影响。这是潜移默化的影响，口语环境决定了学生的口语发展，对他们的叙述能力、交际能力、写作能力都会产生一定的影响，有时甚至影响学生一生的发展。因为这是基础教育，所以教师的语言思维发展不容忽视。

教师应该加强普通话的训练，多读书，拓宽自己的语言词汇面，提高自己的口语表达能力。对于每一堂课的设计尽量做到语言精辟，能够突出重点，语调抑扬顿挫，调动学生的兴趣，培养他们良好的语言思维和口语表达能力。

做法 4：注重仪容仪表

教师要注意自己的仪容仪表，庄重、大方、整洁，体现出教师的职业特点与美感，这样容易引起学生的敬爱之情，进而树立教师的威信和尊严。在此我还要强调一点，那就是教师更应该注重衣着的色彩搭配，包括头饰、鞋子的合理搭配。因为这种视觉感受就是在帮助学生树立良好的审美观，让他们学会欣赏美，鉴赏美。仪容仪表得体的教师，也能获得更多学生的喜爱，从而拉近师生之间的距离。

做法 5：端正人生态度

有一本书《态度决定一切》，它的作者是罗曼·文森特·皮尔，此书曾在美国最畅销书排行榜上整整待了十年，从此“态度决定一切”成为表达积极思维力量的一句口头禅传遍了全世界。一个教师如果总能保持积极的人生态度，在处理事情上就不会消极怠慢，在遇到困难时就会乐观面对，当他的学生遇到问题时也会及时给予鼓励，这对学生的影响将是深远的。例如，一次美术课上，一位同学说他画得不好，所以不想画，我就告诉他：“你画得不好，不代表你不会，老师相信你是一个态度非常认真的孩子，只要你动笔画，今天你就进步了，而且下次你会画得更好。绘画是需要练习的，每个人都是这样成长的，如果你总是不画，那你就失去了进步的机会。老师相信你可以做到的!”就这样，他开始画了起来，最后我给了他 90 分，这个分数不是能力的评价，是对他态度的一种鼓励，让他找回那份失去了的自信。我看到他笑了，我也对他点点头，暗示他以后要继续努力。画不画是态度问题，画得好不好是能力问题，先让学生端正态度才是根本。

总之，“为人师表，以身立教”并不是做轰轰烈烈的教育实践大事，而是从细微入手，让教师脚踏实地地做好每一件小事，因为你的言行举止、人生态度、文化修养、仪容仪表都将影响着你的学生的发展，只有不断地学习，提高文化修养，才能无愧于“教师”这个太阳底下最光辉的职业！

（广东省深圳市宝安龙华松和小学　王明姐）

4. 教学机智在课堂教学中的运用

教育的技巧在于随机应变。

——马卡连柯

[摘自《马卡连柯教育文集》，(苏) 马卡连柯著，人民教育出版社 2005 年版]

苏联教育家马卡连柯说过："教育的技巧在于随机应变。"课堂教学机智就是教师根据课堂的具体情境创造性地实施教学的一种机敏性和应变力。它要求教师创造性地运用教育学、心理学的原理，对教学过程中出现的偶发情况，及时、巧妙、灵活地予以处理。教师的教学机智是教师的一种综合素质，既包括教师的教学态度，也包括教师的调控能力。教师要自如地驾驭课堂这个复杂多变的动态系统，顺利地完成教学任务，就必须掌握教学机智。

我执教《卖油翁》一课时，在课堂中发生的情况就是缺乏教学机智的表现。虽然教学是一门遗憾的艺术，每一堂课都存在这样或那样的不足，需要我们去不断地完善，不断地改进，但这一课的不足对我来说，实属不该，教训极深。

教学前的设计意图及思路

《卖油翁》是一篇短小精悍、耐人寻味的文言文。文章通过叙述一个生动的小故事，说明技艺专长，全在熟能生巧，不值得骄傲的道理。此文寓抽象的道理于具体的故事之中，欧阳修的写作手法极为高明，文中的两个人物形象刻画得异常鲜明：陈尧咨骄傲轻狂，夜郎自大；卖油翁从容稳重，循循善诱。教学此文前，我的设计是以范读、齐读、分组读等多种形式让学生反复朗读，结合课文注释逐句理解词句，然后力求让学生掌握文中所写的内容，在此基础上，教师以具体的提问为导向，引导学生寻味课文，研讨课文。如教师提问：你喜欢文中哪一个人物？在预测教学中，我觉得学生认为课文以卖油翁为主或以陈尧咨为主的都有，有不同的看法没有关系，关键是要引导学生找出依据，说出理由。我估计多数学生认为这个故事是以卖油翁为主的，理由之一是标题是“卖油翁”，应以写卖油翁为主；理由之二是课文主要写卖油翁乐于助人，教育陈尧咨认识熟能生巧的道理，让陈尧咨懂得了一个人有了某方面的长处不能盲目骄傲，要谦虚。少数学生会认为以陈尧咨为主，理由之一是课文以写陈尧咨开头，以写陈尧咨结尾，陈尧咨贯穿于整个故事的始终；理由之二是课文主要写傲慢无礼的陈尧咨在卖油翁的启发教育下认识到了自己的缺点，明白了山外有山、本领再高也不能盲目骄傲的道理，最终改变了对人傲慢无礼的态度。在学生对课文以写谁为主有争议的情况下，可以提问学生：课文分别是从哪些方面来写卖油翁与陈尧咨两个人的？为什么要这样写？这样便能促使学生认真研读课文，逐层深入，诱导学生充分认识课文主人公，理解故事的主题思想及作者的感情。

教学回放

针对初一学生学习文言文的实际情况，在教学实践中，我把重点放在朗读上，以读带动学生积极地参与教学，目的是创造生动活泼、灵活多样又富有实效的课堂。在引导学生阅读课文、疏通文义的过程中，学生表现得非常好。他们能够结合课文中的注释自主翻译课文，大体理解了课文内容，而且文中重点词句也都能一一突破。但在理解《卖油翁》的主人公是卖油翁还是陈尧咨时，学生却没有完全按照我的教学预设走。

课堂展开自由讨论，学生谈到了这样一些认识：陈尧咨虽有骄傲、蛮横、急躁、说话欠分寸的毛病，但他的本质还不是很坏。他射箭的技艺确实很高超，至少可以说明他是一个勤奋用功的人，能够刻苦训练；在卖油翁的启发教育下他能够认识到自己的缺点，有愿意接受批评、改正缺点、

争取进步的表现。金无足赤，人无完人，陈尧咨能勇于正视自己的缺点、迷途知返、知错能改是难能可贵、值得肯定的。关于卖油翁，学生认为：卖油翁本身是一个人才，技艺高超且很谦虚、有修养，同时他又是一个爱惜人才的人，有一副乐于助人的热心肠。陈尧咨如果不是遇上他，也许不能认识并改正骄傲、蛮横、急躁等毛病，很可能不会再有技艺上的长进。在自由讨论中，由于我没有及时把握教学时机，把学生引导到深入分析课文人物及形象与中心主题的关系上，出现了意外。

教后反思

《卖油翁》是我上的一节公开课，上完之后我一直在思考，在准备教案的过程中，我提醒自己要注意教学设计，具体方案设计好了以后，我经过反复推敲觉得没有什么问题，但事与愿违。课后反思自己的教学过程，我意识到我失误的关键不在问题的设计，也不在上课前我如何设计教案，关键是“在课堂教学过程中”，如何根据学生在课堂中的实际状况调整我原先设计好的“教案”。这次教学让我深刻地认识到，教学机智是教师教学中的一种内省活动，也是新课改背景下教师应该具备的一种能力。教师要不断地对自我及教学进行积极、主动的计划，检查、评价、反馈、控制和调节，才能上好课。语文教学集艺术性和挑战性于一体。面对一个个活生生的个体，面对一个个聪明灵巧的脑袋，教师该如何应对？课堂教学不可能完全像教师预先构想的那样顺利，常常会出现意外。面对教学中的意外和突发事件，教师就要发挥机智，沉着应对。

教学收获

教师的成长 = 经验 + 反思。在新课标背景下，教学内容、教学模式都需要相应的变革，变革的成功与否很大程度上取决于教师对其实践活动的反思质量。教师在教学过程中不断进行反思，不仅是重构教学实践、提高教育教学质量的需要，也是教师专业成长的需要。反思贯穿于整个教学生活中，教师可以用批判和审视的眼光看自己的思想、观念和行为，并作出理性的判断和选择。反思之后再把自己的观点、看法、评价用于教学实践中改进教学行动。一边教学一边反思，教学与反思研究相结合，相辅相成、相互促进，就会形成自己的教学思想和风格，提高教学质量，不断成长。

回顾自己上过的这一节课的情况，我得到了很多启示和教训。今后我将从以下几个方面去做，努力提高教育教学水平。

一是努力提高自己的教学监控能力。在教学活动内容中，明确教学课程内容、学生兴趣和需要，学生发展水平、教学目标、教学任务以及教学方法与手段。预测教学中可能出现的问题与可能的教学效果。由近及远、由浅入深、由具体到抽象地去开拓学生的思路。要密切关注所有学生的反应，努力调动学生学习的积极性，随时准备应付课堂上的偶发事件。

二是启发诱导，根据课堂教学的具体情境，依据学生思维的发展趋势，调动已知去认识未知，运用已能去解决未能。教学时，常常会出现一些意外的情形，常常会有一些干扰教学的不协调的因素，教师都需及时地捕捉，悉心地察辨——察其色，闻其言，知其心；要根据学生的外在与内在的各种变化，迅速地进行分析推断；要善于将一些干扰教学的消极因素、离散因素转化为积极因素；对不符合课堂实际的教学计划，迅速及时地进行调整，同时，运用教学机智将调整置于自己的有效控制之下，达到预期的目标。

三是审时度势，顺境缘情。大容量的教学材料，深浅不一的教学内容，都要在紧凑的课时中有的放矢，这是个棘手的难题，要化难为易，需要对课文内容、作者背景、文章主旨等了然于胸，全盘掌控，用全新的教学设计打造全新的教学模式，情理兼备，创造良好的教学效果。

总之，语文课堂教学是一门艺术，要求教师具有较好的教学机智。教学机智的培养并非一日之功，它是以教师广博的文化学养、深厚的教学功力、熟练的教学技巧和丰富的教学经验为基础的，教师只有遵循教学原则，对教学任务心中有底，眼观全局，灵活应变，同时不断反思和总结教学中的得失，学习和借鉴他人丰富的教学经验，通过全新的教学突破口和教学设计点来消除障碍和矛盾，引导积极的教学动态。

（宁夏石嘴山市第七中学　王兴刚）

5. 教学“险境”的存在意义

> 如果来问实际从事教育工作的我——教导着好几十个生龙活虎学生的我，那我就回答说：“必然要冒险的，因为拒绝冒险，那就等于拒绝创造。”
>
> ——马卡连柯
>
> [摘自《马卡连柯教育文集》，（苏）马卡连柯著，人民教育出版社2005年版]

教育家马卡连柯曾数次提到教育中的冒险问题。他说：“如果来问实际从事教育工作的我——教导着好几十个生龙活虎学生的我，那我就回答说：‘必然要冒险的，因为拒绝冒险，那就等于拒绝创造。’”“没有冒险的行为是最可怕的一种冒险。”因此，教师拒绝冒险，就是拒绝教育中的创造性。在教育教学中，教师和其他工作人员一样，都必须勇敢地采取行动，甚至有权利进行冒险行动。

险境：为即时生成提供可能

教学中存在着“安全”和“危险”两种元素。如果教师按部就班、谨小慎微地进行教学，整个教学进程便在教师的全盘掌控中，这时，教师显然处于安全状态。那么，在教学中，教师何时会将自己置身险境？教学中的险境又意味着什么？当教学设计有了一定的开放度时，教学中的不确定因素便会增加，危险也便随之而来。但这样的险境却为学生的即时生成提供了可能。

那次，我公开展示了苏教版五年级下册的“用数对确定位置”这一内容。一下课，就有人对我表示了赞许，但我却清晰地意识到了课上存在的问题，那惊险让我印象深刻，虽然当时勉强化险为夷了，但过后再反思，感觉还是比较牵强，真有点心有余悸。

当时，学生学会用第几列第几行确定位置后，我顺便让学生帮我记录几个位置，我故意报得很快，学生自然来不及记录。在这种情况下，我引导学生发现，这种记录方法太麻烦了，于是就放手让学生将这种方法进行简化。以第3列第2行为例，我在巡视中发现，学生在创造简便写法时，有几个将其写成“3列2行”“三…二”，我指名他们上讲台板书，接着，我发扬民主，让有不同写法的学生自己去板书。

一时间，好几个学生冲到黑板前去板书。学生想法还挺多的，除了上述两种，还有“32”、画三竖两横、竖写的3列2行等，我引导学生观察时，突然发现了一种奇特的方法——C2！乍一看到这种方法，我马上愣住了。但我故作镇定地问这个学生：“你是怎么想的?”那个学生说：“C表示3!”我追问道：“哦，但其他同学不知道C表示3啊！你能不能来改一下呢?”这话看似尊重他，但我已经否定了他。当时，我心里特别着急，因为接下来的环节，我是想让学生找找这几种方法的共同之处，而那个学生的写法已经打破了我的计划。令人庆幸的是，那个学生走上前来，他犹豫了一会儿，就将“C2”改成了“3a2b”，其中，a表示列，b表示行。这虽然出乎我的意料，但总算得以继续下面的教学了……

现在想来，我未经审查，就让学生上黑板去板书，这种做法，事实上已将自己置身于一个极其危险的境地。天知道学生会写出什么东西来！以往在听课时，看到有的名师也是在巡视一圈后，自己“刷刷刷”地写下六七种所谓的学生做法。这样做，相对比较安全。当时，我怎么会那么大胆呢？可能因为课桌太挤，我无法一一巡视到。试教时，我都是有选择地让学生上前板书的。也许，在潜意识里，我始终认为学生不会有太多另类写法吧。后来，同事提醒我说，那个学生的“C2”其实也有道理，在英文字母中，C是第三个啊！但当时，我只想到C可以表示任意数，我那样的应对确实不够高明。

在课堂中，当我们将自己置身于危险境地时，也许会出现更多的不可掌控的因素，对我们的教学机智是一个极大的考验。但对于学生来说，危险境地可能会是一个适宜创造的环境。在某种程度上，我真得感谢这样的"危险"，因为它让我看到了学生更新颖的方法。

险情：为改变计划酝酿时机

教学因其复杂性和随机性，常会出现我们不曾预设到的事件或现象。课堂上，学生呈现的问题通常是教师无法预料的，也常令教师深陷险境。但这样的险境却具有积极意义，它能为教师改变教学计划酝酿时机。当教师洞察了所教知识，教学时便不会拘泥于原先的教学预设，而是能走近学生，更多地关注学生的思维历程和学习困惑，并根据学生的实际情况，随时改变自己的教法。

在教学苏教版六年级上册的《列方程解决实际问题》一课时，我创设了这样的问题情境："我的侄女在梁丰高中读书，成绩非常优秀，猜猜她几岁了？"学生一听就来劲了，有人猜测她是17岁或18岁。为了能让学生说出精确数据，我继续出示了两个条件：老师今年36岁，老师年龄是侄女年龄的2倍还多4岁。有学生立刻说出了侄女的岁数（16岁）。我引导学生画出线段图，说出数量关系（侄女年龄的2倍+4=老师年龄），并列方程解答。

接着，我追问："谁还能说出不同的数量关系式？"一学生说："老师年龄-4÷2=侄女年龄。"显然，他采用了算术思路，因缺括号而导致出错，有学生立刻提出异议，并帮助他得出了正确的算法。另一学生说："老师岁数÷2-4=侄女的年龄。"有学生立即表示反对，他们指出：如果这样计算，结果便是14岁了。面对这一典型错误，我决定放慢教学进程，留出时间让学生观察辨析。借助线段图进行分析，这个问题便迎刃而解了。在互相启发中，学生明确：如果先用36除以2，即无形中将侄女岁数增加了2岁，再减去4岁，显然是错误的。

因为对所教内容熟稔于心，教师得以近距离关注学生的思维状况，针对学生的困难和问题，及时组织学生讨论辨析，小组成员互帮互助，成功地解决了问题。在这种情况下，教师临时改变教学计划，虽然存在一定的险情，但其适时剖析错例，减少了不必要的解题阻碍。

苏霍姆林斯基也曾指出：“教师要善于偏离计划以至完全改变计划，这并不是不尊重计划，而恰恰是出于对计划的尊重。”显然，教师应始终走在“计划”和“变化”之间。苏氏的观点显然与马卡连柯高度一致。教学中的险境，能使教师不受预设限制，灵活改变教学进程，这样的教学才可能变得高效而鲜活。

（江苏省张家港市云盘小学　钱春燕）

（此文系张家港市协作课题“小学数学顺应主体发展的对话教学案例研究”的研究成果。）

图书在版编目（CIP）数据

教师要学马卡连柯/雷玲主编．—上海：华东师范大学出版社，2015.9
ISBN 978-7-5675-4135-1

Ⅰ.①教… Ⅱ.①雷… Ⅲ.①马卡连柯，A.S.（1888～1939）—教育思想—研究
Ⅳ.①G40-095.12

中国版本图书馆CIP数据核字（2015）第227639号

大夏书系·与大师同行

教师要学马卡连柯

主　　编　雷　玲
策划编辑　李永梅
审读编辑　张思扬
封面设计　奇文云海·设计顾问

出版发行　华东师范大学出版社
社　　址　上海市中山北路3663号　邮编200062
网　　址　www.ecnupress.cm.cn
电　　话　021-60821666　行政传真021-62572105
客服电话　021-62865537
邮购电话　021-62869887　地址　上海市中山北路3663号华东师范大学校内先锋路口
网　　店　http：//hdsdcbs.tmall.com

印 刷 者　北京密兴印刷有限公司
开　　本　700×1000　16开
插　　页　1
印　　张　15.5
字　　数　230千字
版　　次　2015年10月第一版
印　　次　2015年10月第一次
印　　数　6 100
书　　号　ISBN 978-7-5675-4135-1/G·8669
定　　价　32.00元

出 版 人　王　焰